COLLECTION
ROLF HEYNE

Kochen mit den Kräutern der Provence

Für meinen Sohn Louis Marius Noé

Titel der Originalausgabe: Les bonnes herbes de Provence
Ins Deutsche übertragen von Gisela Sturm
Die Originalausgabe erschien 2000 bei Flammarion, Paris.

Umschlaggestaltung: Hauptmann und Kampa
Werbeagentur, CH-Zug
Redaktionsleitung der französischen Ausgabe:
Ghislaine Bavoillot
Redaktion: Bettina Rubow
Herstellung: Karlheinz Rau, München
Satz: SatzTeam Berger, Ellenberg
Druck und Bindung: Pollina S.A., 85400 Luçon - N°L81409

Printed in France

ISBN 3-453-18580-3

Vorsatz: Provenzalischer Baumwollstoff Bonnes Herbes, *Ende des 18. Jahrhunderts, mit Holzmodel bedruckt.*

Michel Biehn

Kochen mit den Kräutern der Provence

Mit Fotografien
von Gilles Martin-Raget

Wilhelm Heyne Verlag
München

inhalt

Aromatische Kräuter

Stellen Sie sich vor, Sie wären in der Provence. An einem klaren sonnigen Morgen Ende Juni gehen Sie aus dem Haus, ein Messer in der Hosentasche, und auf der Schulter die »biasse« (Umhängetasche) mit dem Imbiss für unterwegs: ein Stückchen Brot, ein bisschen Ziegenkäse, frisch gepflückte Tomaten aus dem Garten und etwas Salz. Die letzten Häuser hinter sich lassend, folgen Sie dem Weg durch die Rebpflanzungen, an Mandelbäumen vorbei, bis Sie plötzlich, von einer Wolke aufgescheuchter Vögel umgeben, in das Reich der Wacholderbüsche und der Steineichen eintauchen, in das Hochland der Provence. Sie werden überwältigt von einer Flut betörender Sinneseindrücke. Es ist ein einziger Strom, der, jeden Ihrer Schritte begleitend, unten vom Boden heraufsteigt. Er umfängt den Nasenbereich, fließt durch die Gehirnkanäle, in die Tiefen der Seele hinab, lässt den Blick verschwimmen. Er hat den moschusartigen Geruch der Pfefferminze, den feinen Duft des Lavendels und das kräftig-würzige Aroma des Salbeis. Und wenn dann der Fuß einen Teppich aus rosaroten Blüten streift, füllt sich die Luft mit dem köstlichen Duft des Thymians, der die anderen Noten in den Hintergrund drängt. So löst jeder Schritt die nächste Welle feiner Duftnoten aus, die sich gegenseitig durchdringen und sich zu ständig neuen, faszinierenden Mischungen vereinen.

Kein Klischee dürfte abgegriffener sein als das der Kräuter der Provence. Unter dem viel versprechenden Namen »Herbes de Provence« erhält man in jedem Andenkenladen scheußliche Säckchen als Mitbringsel, aus Kretonne mit dem »typisch« provenzalischen Muster, oder auch aus grobem »naturbelassenem« Rohleinen, die eine undefinierbare Mischung aus Kräutern enthalten, zu Pulver gemahlen, vage nach Heu und Seife riechend, und glaubt man der Werbung, ist das die Essenz der provenzalischen Garrigue schlechthin. Im Grunde weiß niemand so recht etwas anzufangen mit der geschmacklich faden Mischung. In den Küchen der Provence hat sie jedenfalls nichts verloren. In Marseille oder in Avignon kommen zwar Omeletts und Saucen auf den Tisch, die ihr unnachahmliches Aroma der Verwendung einzelner Kräuter oder auch ihrer ausgewogenen Kombination

Im Blumentopf hält sich Basilikum von Juni bis Ende September.

verdanken, aber niemand würde dort je auf die Idee kommen, eine wahllos zusammengestellte Kräutermischung völlig unüberlegt in die Speisen zu schütten. Außerdem ist das Mahlen der Kräuter die wohl wirksamste Methode, ihnen das Aroma zu rauben. Frische Kräuter müssen daher im Ganzen aufbewahrt werden. Am besten halten sie sich, wenn sie zu Sträußen gebunden und kopfüber zum Trocknen aufgehängt werden. Anschließend lassen sie sich in Blechdosen, Holzkästchen oder auch einfachen Papiertüten an einem vor Luft und Licht geschützten Ort konservieren. Kräuter haben sowohl einen natürlichen als auch einen kulturellen Wert. Zum einen sind sie Produkte des Bodens, zum anderen gehen sie auf eine alte, aber lebendige Tradition zurück, die in der Kunst besteht, diese Kräuter so zu verwenden, dass sie mit dem Eigengeschmack der Speise perfekt harmonieren. Natürlich ist dieses Wissen jederzeit jedermann zugänglich, doch erfordert es eine gewisse Initiationszeit, in der man sich die elementaren Kenntnisse aneignen muss, und auch etwas Übung ist vonnöten.

Schon in früheren Zeiten pflegten die Provenzalen wild wachsende Kräuter im Bergland zu sammeln, um sich ihre spezifischen Wirkstoffe zunutze zu machen. Sie hatten Kräuter gegen die Grippe, zur Wundheilung, zur Schmerzlinderung sowie zum Einfärben ihrer Textilien in Rot oder in Gelb. Zudem verwendeten sie diese Kräuter zum Würzen der Pasteten und ihres traditionellen Schmorgerichts »daube«. Im 18. Jahrhundert wurden die so vielfältig einsetzbaren Kräuter der Provence sogar in einem Stoffmuster verewigt, das den Namen »Bonnes Herbes« erhielt. Es bestand aus zarten blühenden Kräutern und der Druck vollzog sich von Hand mithilfe eines Holzmodels auf rotem, braunem, bronzegoldenem oder gelbgrünem Grund. Aus diesen Stoffen schneiderten die Provenzalen gesteppte Tagesdecken und Kleidungsstücke für die Frauen, zum Beispiel lose Schoßjacken, »caraco« genannt, Röcke und Capes.

Die in diesem Buch vorgestellten Würzkräuter haben allesamt auch eine heilende Wirkung. Sie können magenstärkend oder harntreibend, anregend oder narkotisierend wirken. Aber da dieses Buch in erster Linie als Kochbuch konzipiert ist, wurde bei der Beschreibung der einzelnen Kräuter der Schwerpunkt auf die Würzkraft, das Aroma sowie die traditionellen und die neuen Verwendungsmöglichkeiten in der Küche gelegt. Ich koche so, wie es meine Mutter mich gelehrt hat und wie sie es wiederum von der Großmutter erfahren hat. Es ist eine einfache, familiäre Küche, mit der wir die typischen, charakteristischen Aromen der Provence zelebrieren, die ich so liebe. Den Familienrezepten habe ich einige Kreationen aus den Küchen von Freunden und Bekannten zugesellt, deren vorzügliche Geschmacksharmonien für mich eine Offenbarung sind.

An den Hängen des Mont Ventoux, der die Rebzeilen überragt, finden Wildkräuter ideale Wachstumsbedingungen (rechts).

Rings um die kleine Hütte, zwischen den Reben, siedelt sich Wildlauch an (folgende Doppelseite).

Zunächst möchte ich Sie in die provenzalischen Hügel führen, über die terrassierten Reb- und Olivenpflanzungen hinaus bis zu den Hängen der Straße, die sich zum Mont Ventoux hochwindet, in das Herz der Garrigue, deren Kräuter man hier früher jedes Jahr zu festgesetzten Terminen sammeln ging. Zum Johannisfest am 24. Juni pflückten wir Thymian, Rosmarin und Lavendelkraut, und am 29. September, dem Fest des heiligen Michael, ernteten wir Fenchel. Denn man wusste, dass zu diesen Zeiten die Kräuter am aromatischsten waren. Die Bergkräuter sind aus der provenzalischen Küche, der sie den typischen Charakter verleihen, nicht wegzudenken.

Daneben gibt es in der Provence eine andere Kategorie von Kräutern. Sie sind weniger geschmacksintensiv, etwas bitterer, grüner und milder. Es sind grüne Kräuter, die im Frühling auf den Feldern im Flachland sprießen. Nach altem Brauch wurden sie beim Spaziergang der Familie mit einem kleinen Messer abgeschnitten: Feldsalat und Rucola für den grünen Salat, Spargel und wilder Lauch für das Omelett, Brennnessel- und Mohnblätter für ein Gratin und Löwenzahnblüten für Konfitüre.

Viele dieser Pflanzen werden in der Provence heute auch in Gärten gezogen. Die Urform der Kräutergärten geht auf die so genannten »jardins de simples« zurück, die im Mittelalter innerhalb der Kloster- und Burgmauern angelegt wurden. Sie lieferten die Rohmaterialien für die Herstellung von Likören, Elixieren und Arzneien. Später gesellten sich Kamille, Ysop und Anis zu den Rabatten im Pfarrgarten. Heute sind auch Thymian und Salbei, Rucola und Portulak neben Basilikum, Petersilie, Koriander, Minze und Schnittlauch domestiziert. Gezähmt sind sie nun zarter und milder als ihre Vorfahren, haben aber leider an Geschmacksintensität verloren.

Unterhalb der Ruinen von Château des Baux wachsen Thymian, Bohnenkraut und Wilder Fenchel.

Fast alle Kräuter sind heute überall frisch im Handel. Sollten sich trotzdem weder Wildlauch noch Mohnsprossen auftreiben lassen, können sie in den entsprechenden Rezepten jederzeit durch jungen Kulturlauch oder durch Spinat ersetzt werden. Der Genuss der einzelnen Gerichte wird dadurch nicht beeinträchtigt.

Erlauben Sie mir zum Abschluss noch ein Wort zu einem Gewächs, dessen Hervorbringungen ganz wesentlich zum kulinarischen Genuss beitragen, dem Weinstock. Bereits seine zarten Blätter, die im Frühjahr austreiben, sind, mit unterschiedlichen Füllungen zubereitet, einfach köstlich. Die Krönung des Weinstocks ist jedoch die Traube, die zu Wein verarbeitet wird. Und die Weine aus dem Südosten Frankreichs können sich sehen lassen. Jacques Machurot, ein leidenschaftlicher, ebenso inspirierter wie talentierter Önologe, war gern bereit, Ihnen aus der vielfältigen regionalen Weinpalette für jedes Rezept die optimale Flasche herauszusuchen.

Bergkräuter und Feldkräuter

Sicher haben die Ausläufer des Ventoux, die Wälder von Sainte-Baume und die Hänge von Garlaban nicht die geringste Ähnlichkeit mit den sagenumwobenen Wäldern von Brocéliande im Norden des Landes. Dennoch hat die Landschaft zwischen den Hügeln der Provence für mich etwas Magisches, und nicht selten habe ich mich, bäuchlings auf dem warmen Boden ausgestreckt, mit aufgestütztem Kinn, die Nase in einem Thymianbusch, der so knorrig und holzig ist wie ein uralter Baum, für einige Minuten oder auch mehrere Stunden von dem Schauspiel einer Grille, die am Stamm einer Kiefer ihre letzte Wandlung vollzieht, bezaubern lassen.

In alter Zeit galt das provenzalische Hochland als das Land der Hexen und der Wunder. In den Dörfern wohnten heilkundige alte Frauen, die bei Verbrennungen das »Feuer austreiben« und bei Sonnenstich die Körpertemperatur senken konnten und sogar Häuser und Lebewesen von Dämonen zu befreien vermochten. Alljährlich am Johannistag gingen diese Frauen, die sich auf die pflanzliche Behandlung aller Arten von Übel und Krankheit verstanden, zum Kräutersammeln in die Wälder, denn zu diesem Zeitpunkt hatten die Pflanzen ihre höchste Wirkkraft erreicht. Die aromatischen Kräuter der Provence haben also in der Volksmedizin, schon lange bevor sie in der Küche als Würzmittel Einzug hielten, eine wichtige Rolle gespielt. Und sie waren derart wirksam, dass man ihnen zuweilen magische Kräfte zusprach. So war es im Mittelalter bei fiebrigen Erkrankungen Brauch, die letzten drei Tage vor Vollmond bei Tagesanbruch aufzustehen und einem Pfefferminz- oder Oreganostrauch etwas Brot, Salz und Pfeffer als Opfergabe darzubringen. Nach Ablauf der drei Tage war dann der Wurzelstock ausgetrocknet – und das Fieber verschwunden. Im Lauf der Zeit haben sich freilich wissenschaftlichere Methoden durchgesetzt und die volkstümliche Heilkunde wurde immer mehr von der modernen Schulmedizin verdrängt.

Doch noch im 19. Jahrhundert florierte das Geschäft mit den Kräutern. Händler aus der Stadt kauften das Sammelgut, trockneten es und lagerten es in

Wilder Spargel.

großen Stoffsäcken oder Gläsern. Borretsch, Fenchel, Wacholder, Majoran, Minze, Oregano, Pfefferkraut, auch Eselspfeffer genannt, Bohnenkraut, Salbei, Feldthymian und Echter Thymian (farigoulette) waren nur einige Tupfer auf der Kräuterpalette, und zusammen mit exotischen Gewürzen wie Sternanis, Zimt und Ingwer ergaben sie einen wahrhaft göttlichen Aufguss.

Heutzutage sind die Kräuterläden samt ihren Besitzern mit Nickelbrille, Kräutergläsern, Kupferwaagen und Porzellanmörsern größtenteils von der Bildfläche verschwunden. Es fehlte nicht viel, und der rasante Fortschritt der Chemie hätte in Verbindung mit den mächtigen Laboren der Kräuterheilkunde vollends den Garaus gemacht, zumal der Handel mit Medizinalpflanzen eingeschränkt und zu einem Privileg der Apotheken wurde. Heilkundige Frauen sind heute rar, aber im Zuge der Einführung neuer, sanfter Heilmethoden, die an das Wissen unserer Vorfahren anknüpfen, könnten unsere Heilkräuter im beginnenden Jahrtausend den ihnen gebührenden Rang zurückerobern.

Wildlauch.

Blühender Rosmarin.

Provenzalische Küchenkräuter und -gewürze sind hingegen allerorten erhältlich, und sobald der Frühling naht, werden sie auf den Märkten der Provence in kleinen, säuberlich mit Garn oder Bast verschnürten Sträußen feilgeboten, auch in Blumentöpfen sind sie erhältlich. Als »König« der Garrigue gilt der Thymian, ein mehrjähriger holziger, knorriger Strauch mit winzigen graugrünen Blättchen, dessen intensiv duftende rosa, violette oder auch weiße Blüten im Sommer die Bienen anlocken. Der höher aufschießende, größere und robuste Rosmarin hat längliche nadelartige Blätter, die an der Oberseite dunkelgrün, an der Unterseite grau gefärbt sind, und im Sommer überzieht er sich mit zarten blassblauen Blüten. Salbei hingegen besitzt breite graugrüne Blätter, die aussehen, als wären sie aus Samt herausgeschnitten. Von Bohnenkraut gibt es eine einjährige und eine mehrjährige Variante und beide würzen traditionsgemäß den legendären Ziegenkäse von Banon. Hinzu kommt Oregano, der wilde Verwandte des Majoran, mit runden, etwas pelzigen Blättern, die leicht ins Rötliche gehen. Der Wacholderstrauch hat runde grüne Beeren, die sich im Herbst bläulich färben und zum Würzen von Kaninchenpasteten und Geflügelragouts verwendet werden. Auch der Fenchel, hoch gewachsen und elegant mit seinen gelben Blütendolden, grüßt vom Straßenrand herüber. Und nicht zu vergessen der Lavendel, der in erster Linie der Parfümherstellung und weniger als Heil- und Würzkraut dient, wobei sein unnachahmliches Blau doch die Phantasie der Küchenchefs und Feinschmecker anregt.

Der Reichtum der Provence an aromatischen Pflanzen ist damit nicht erschöpft. Provenzalische Kräuter wachsen auch in den Ebenen. Sie werden oft als Unkraut angesehen, sind bescheidener, verhaltener, grüner und feiner in Geruch und Geschmack und finden nicht nur als Würzmittel, sondern auch als Gemüse Verwendung.

In der Provence, wo Wasser eine Kostbarkeit ist, wird jeder grüne Fleck zu einer Wohltat für das Auge, und Grünzeug ist ein wichtiger Bestandteil des Speiseplans. Grüner Salat gehört zu jeder Mahlzeit, und die Zubereitungsarten von Spinat, Mangold, Lauch oder von Wildkräutern sind Legion. Auch haben es sich die Provenzalen seit langer Zeit zum Brauch gemacht, niemals ohne ein Taschenmesser in die Natur zu gehen. Im Frühling, wenn die Pflanzen noch zart und saftig sind, ist die beste Zeit zum Sammeln. Wildlauch und Portulak fühlen sich am wohlsten auf regelmäßig bestellten Böden, unter Weinreben und Olivenbäumen. Brennnesseln verbreiten sich zwischen Ruinen und auf verwilderten Äckern. Löwenzahn und Klatschmohn sprießen auf Wiesen und am Wegesrand und der Wilde Spargel verbirgt sich unter Hecken und Sträuchern.

Thymian

Thymian, in der Provence »farigoulette« genannt, ersetzt den Olivenbaum in der provenzalischen Weihnachtskrippe, und tatsächlich ist seine Größe perfekt auf die kleinen Lehmfiguren abgestimmt. Silbrig schimmernde Blätter, ein stabiler, knorriger Stamm und seine buschige, zur Sonne hin geöffnete Form, machen ihn zum idealen Dekor dieser weihnachtlichen Miniaturlandschaften, die von den Kindern nach altem provenzalischem Brauch unter Verwendung von Moosen und Kieseln, Packpapier für die Felsblöcke und Silberfolie für die Wasserflächen aufgebaut werden.

Der »König des Berglands« liebt karge, felsige Böden, wuchert an Abhängen und Böschungen und säumt Straßen und Wege mit seiner grauen niedrigen Buschvegetation. Selbst mit einem blanken Steinboden gibt sich Thymian, der sich im April mit winzigen rosaroten Blüten überzieht, zufrieden. Wenn die Blüte beginnt, sind die Kräfte der Pflanze auf ihrem Höhepunkt, und dann sollte sie gesammelt werden. Die Provenzalen machen daraus einen Aufguss, der übrigens auch ohne Zucker köstlich schmeckt und obendrein in Bezug auf Verdauung, Kreislauf und Schlaf Wunder wirkt.

In der Küche ist Thymian, wie Knoblauch und Lorbeer, fast allgegenwärtig. Obwohl er sehr intensiv ist, liebt er aber auch Gesellschaft und hat seinen angestammten Platz im

»bouquet garni« (Kräuterstrauß), das in so viele provenzalische Gerichte gehört, ins »pot-au-feu«, den berühmten Rindereintopf, ebenso wie in die Fischsuppe, in den Schmortopf (daube) wie in das Ratatouille, in den Kaninchenbraten wie in die Linsensuppe mit Wurst. Thymian verträgt sich mit Fleisch ebenso gut wie mit Gemüse und seine Beziehung zur Tomate ist schon fast symbiotisch. Seine Popularität ist teilweise auf seine vorzügliche Haltbarkeit zurückzuführen, denn er steht rund ums Jahr zur Verfügung. Trotzdem pflückt man ihn in der Provence nur nach Bedarf zum sofortigen Gebrauch. Feldthymian, der mit ihm verwandt ist, unterscheidet sich durch seine dünneren, kriechenden Stängel und schmalere dunkelgrüne Blätter. Als Würzmittel ist er jedoch ebenso beliebt und er lässt sich wie Thymian verwenden.

Ziegenkäse im Champignonbett mit Thymian

Für diese herbstliche Vorspeise verwenden die Provenzalen einen orangerötlichen Speisepilz, den Echten Reizker, der regional als »sanguin« bekannt ist. Im Roussillon wächst er wild unter den Kiefern in der Heide und ab September erscheint er auf allen Märkten der Region. Falls nicht verfügbar, lässt er sich aber ohne weiteres durch den gewöhnlichen Zuchtchampignon ersetzen. Wichtig ist nur, dass die Exemplare groß genug sind.

ZUBEREITUNG: Man benötigt 2 Champignons pro Person. Verwendet wird nur der Hut, mit den Stielen kann man später ein Omelett aromatisieren. Zunächst die Pilze mithilfe eines Gemüsemessers von allen Verunreinigungen wie Gräsern, Sand, Blättern und Kiefernnadeln befreien, dann gut mit Küchenkrepp abreiben, aber auf keinen Fall waschen – das bekommt keinem Pilz! Die trockenen Champignons mit der gewölbten

Seite nach unten in eine feuerfeste Form legen und jeden Pilz mit der Hälfte eines flach aufgeschnittenen, mittelreifen Ziegenkäses bedecken. Die kleinen »banons« sind ideal für dieses Rezept.

Zum Schluss noch etwas gerebelten Thymian auf jeden Käse streuen, und fertig! Die Backform mit Alufolie sorgfältig abdecken, dabei darf die Folie den Käse nicht berühren. Das Ganze 30 Minuten im heißen Backofen garen.

Danach sofort mit frischem Landbrot servieren. Dazu passt ein aromatischer, gepflegter Weißwein aus den Baux-de-Provence, zum Beispiel von der Domäne Mas-Sainte-Berthe und ebenso ein weicher, vollmundiger und eleganter Corbières Blanc des Château de Lastours.

Kaninchen mit Wildcharakter

Mit dem folgenden Trick kann man jedem gewöhnlichen Zuchtkaninchen Wildcharakter verleihen:

ZUBEREITUNG: Das Kaninchenfleisch mit reichlich Thymian und 4 bis 5 zerdrückten Wacholderbeeren einreiben, mit den Thymianresten bedecken und alles hermetisch in Alufolie verpacken. Über Nacht liegen lassen und am nächsten Tag nach Belieben mit Senf oder wie ein Kaninchenpfeffer zubereiten.

Zum Kaninchen schmeckt ein Weißwein aus der Provence sehr gut oder aus Corbières (siehe oben), auch ein junger roter Syrah mit frischem, säuerlichem Fruchtaroma ist perfekt. Ein hocheleganter Costières-de-Nîmes des Château Mourgues du Grès, fruchtbetont und von großer Finesse, passt ebenfalls zu diesem Gericht.

Kartoffelgratin

Dieses sehr einfache Gericht wird mit einer Kräutermischung aus Thymian, Lorbeer, Rosmarin und Bohnenkraut, Oregano und Salbei aromatisiert. Waschen und schälen Sie 8 schöne große, überwiegend fest kochende Kartoffeln. In etwa 8 Millimeter dicke Scheiben schneiden. Auf dem Boden einer feuerfesten Form anordnen, dann 7 bis 8 kleine weiße Zwiebeln, die zuvor geschält und halbiert werden, hinzufügen und die gut

getrockneten Kräuterzweige, die unzerteilten Lorbeer- und Salbeiblätter darüber verteilen (reichlich Thymian, etwas Lorbeer, Salbei und Bohnenkraut, aber nur eine Spur Oregano und Rosmarin). Vorsicht – die richtige Dosierung zu finden ist gar nicht so einfach; man braucht sehr viel Fingerspitzengefühl, feine Geschmackspapillen und auch etwas Übung im Umgang mit den Kräutern dazu.

Anschließend 1 Tasse Wasser auf den Boden der Form gießen, die Kartoffeln mit Olivenöl begießen und zu guter Letzt 1 Esslöffel grobes Salz darüber streuen. Dann wird der Auflauf 60 Minuten im heißen Backofen gegart. Hin und wieder löffelweise heißes Wasser in die Form geben, der Boden darf nicht trocken werden.

Die Kartoffeln sehr heiß servieren und grüne Blattsalate dazu reichen.

Gebackenes Huhn

Dieses aromatische Huhn wird im Bräter in der Backröhre gegart. Beginnen Sie also zunächst damit, den Backofen bei höchster Temperaturstufe vorzuheizen.

In der Zwischenzeit eine Poularde in etwa 10 Stücke zerlegen. Da die Fleischqualität für den Erfolg dieses Rezeptes maßgeblich ist, empfehle ich ein Huhn aus Freilandhaltung.

Reichlich Öl in den Bräter geben, dann 1 Tasse warmes Wasser, 2 grob gehackte Zwiebeln, je 2 gewaschene, getrocknete, entstielte und in Würfel geschnittene Auberginen und Zucchini, 3 große reife Tomaten sowie etwa 10 große, großzügig in Scheiben geschnittene Knoblauchzehen (mit Schale) hinzufügen. Die Hühnerteile über das Gemüsebett verteilen. Einige Zweige von Thymian und Rosmarin sowie ein paar Lorbeerblätter in die Zwischenräume legen. Mit Salz und Pfeffer bestreuen. Zum Schluss noch mit etwas Olivenöl begießen und exakt 60 Minuten im Backofen garen.

Während der Gardauer mehrmals den Ofen öffnen und falls notwendig, warmes Wasser hinzufügen. Am Ende der Garzeit muss die Flüssigkeit jedoch vollständig verdunstet sein.

Hähnchen vom Grill

Dies ist die einfachste Methode, ein Brathähnchen zu aromatisieren. Sie brauchen ein großes Hähnchen, vorzugsweise aus Freilandhaltung. Nach dem Ausnehmen gut mit Olivenöl einreiben und mit einer Mischung aus Wildkräutern füllen: Zweige von Thymian und Rosmarin, einige Halme Bohnenkraut, Lorbeerblätter sowie 2 bis 3 ungeschälte Knoblauchzehen, die zuvor mit der Hand gequetscht wurden, damit das Aroma besser entweicht. Zum Schluss noch etwas Salz und frisch gemahlenen Pfeffer darüber streuen, Flügel und Beine fest mit Küchengarn um den Rumpf binden und unter dem heißen Grill garen. Zu diesem Zweck das Hähnchen in den eingeölten Bräter legen und Butterflöckchen darauf setzen. Die Gardauer beträgt je nach Größe 45 bis 60 Minuten. Hin und wieder etwas warmes Wasser nachgießen und das Fleisch mit dem Pfannensud begießen. Dann noch einmal mit Salz und Pfeffer abschmecken.

Onkel Bertrands Gewürzbrot mit Thymian

Dieses Rezept ist eine Kreation unseres Patenonkels Bertrand, dem eines Tages der Anis ausgegangen war, als er für uns sein unverzichtbares Nachmittagsgebäck herstellen wollte. Da kam er auf die geniale Idee, aus der Not eine Tugend zu machen und den Teig statt mit Anis mit fein gerebeltem Thymian zu aromatisieren. Die Kombination von Thymian und wildem Honig der Garrigue gefiel uns so gut, dass Onkel Bertrand seither nie mehr Anis verwendete. Und dabei war Anis bis zu jenem denkwürdigen Tag aus diesem traditionellen Gewürzbrot überhaupt nicht wegzudenken gewesen!

ZUBEREITUNG: In einer Backschüssel 3 gut gehäufte Esslöffel Honig aus der Garrigue mit 1 Tasse feinem Zucker und 1 Tasse kochend heißer Milch verrühren. Optimal ist ein aromatischer, würziger Honig aus der Haute-Provence. Dann nach und nach 3 Tassen Mehl und 1 Päckchen Backpulver hinzufügen und alles mit dem Kochlöffel glatt rühren. Nun 3 ganze Eier, 100 Gramm im Wasserbad zerlassene Butter und 1 gehäuften Teelöffel getrockneten Thymian unter die Masse geben. Den Teig in eine gut gebutterte Kastenform füllen und im Backofen 45 Minuten bei mittlerer Hitze backen. Wenn der Kuchen gar ist, wird er aus dem Ofen herausgenommen, aus der Form gelöst und zum Auskühlen auf das Backgitter gelegt. Zum Aufbewahren in Folie einwickeln. Dieser Gewürzkuchen bleibt tagelang frisch und sollte einen Tag im Voraus zubereitet werden.

Birnenkonfitüre mit Thymian

Diese Konfitüre schmeckt auf leicht geröstetem, gebuttertem Brot zum Frühstück ebenso gut wie zum Dessert mit Quark. Die Birnen müssen reif sein, aber nicht überreif, sondern fest, saftig und aromatisch.

Die Birnen schälen und das Kerngehäuse herauslösen. Das Fruchtfleisch der Birnen in dünne Scheiben schneiden, abwiegen und in eine Kasserolle mit schwerem Boden geben. Den Zucker hinzufügen (750 Gramm pro Kilogramm Birnen), den Saft von 1 Zitrone sowie 1 Teelöffel frische abgezupfte Thymianblättchen darüber geben. Alles behutsam mit einem Holzlöffel vermengen; die Birnenscheiben dürfen bei diesem Vorgang nicht zerfallen.

Nach dem Aufkochen 45 Minuten bei reduzierter Hitze unter häufigerem Umrühren weiter köcheln lassen. Erst ganz am Schluss abschäumen, damit der Thymian sein Aroma vollständig abgeben kann. Zum Aufbewahren in Marmeladengläser füllen.

Thymiantee

Zunächst die Teekanne mit kochendem Wasser ausspülen, dann pro Tasse 1 Thymianzweig in die Kanne geben. Mit frisch gepflücktem wildem Thymian wird dieser Tee besonders schmackhaft. Die Teekanne mit kochendem Wasser füllen, mit dem Deckel verschließen und einige Minuten ziehen lassen.

Dieser beruhigende, verdauungsfördernde Aufguss wird ohne Zucker getrunken, kann aber mit etwas Honig gesüßt werden, wenn Sie Feldthymian verwenden.

Rosmarin

Rosmarin ist eine immergrüne Pflanze von aufrechtem, dichtem, buschigem Wuchs, die zuweilen zwei Meter Höhe erreicht. Wie Thymian liebt Rosmarin trockene, sonnige Hanglagen mit kalkhaltigen, steinigen Böden. Er besitzt lange, harte, nadelförmige und ein wenig ledrige Blätter und überzieht sich im Frühling mit einem zarten Flor aus blassblauen Blüten. Die Volksmedizin schätzt ihn wegen seiner anregenden und krampflösenden Eigenschaften.

Im 16. Jahrhundert machte die ungarische Königin Isabella ein Elixier berühmt, das Schönheit und ewige Jugend versprach. Seine Formel soll ihr sogar höchstpersönlich von einem Engel übermittelt worden sein. Aber im Grunde handelte es sich lediglich um ein Alkoholdestillat, dem blühender Rosmarin zugesetzt worden war. Dieses so genannte Königliche Ungarische Wasser war viele Jahre lang in ganz Europa verbreitet.

In der Küche verwenden wir Rosmarin zum Würzen von Fleisch und Fischgerichten. Zusammen mit Thymian, Lorbeer und Majoran aromatisiert Rosmarin das provenzalische Ratatouille. Doch Achtung: Der Umgang mit diesem Würzmittel erfordert einiges Fingerspitzengefühl, denn das kräftige, fast übermächtige Aroma des Rosmarins lässt sich schwer kombinieren und kann den Eigengeschmack der Speisen rasch übertönen. Deshalb darf Rosmarin nur in geringen Mengen und in der richtigen Dosierung verwendet werden.

Rosmarinessig

Frisch gepflückte, schön gewachsene Rosmarinzweige vorsichtig in eine Flasche einführen, sodass sie möglichst unbeschädigt bleiben, und dann mit hochwertigem Weinessig so weit auffüllen, dass die Zweige komplett mit Flüssigkeit bedeckt sind. Die Flasche verschließen und dann mindestens 4 bis 6 Wochen an einem wohltemperierten Ort stehen lassen. Dieser Essig ist köstlich zum Würzen von Salaten.

Lammschulter, in Rosmarindampf gegart

Diese Garmethode ist wahrscheinlich der marokkanischen Küche entlehnt, ebenso wie die Gewürzkombination von Zimt und Rosmarin. Die Idee ist vorzüglich und verspricht doppelten Erfolg: Einmal wird das Lammfleisch köstlich aromatisch und dann duftet das ganze Haus fein nach Rosmarin. Es ist ein schlichtes, fast bäuerlich-frugales Gericht, das dennoch die anspruchsvollsten Gaumen befriedigen wird.

ZUBEREITUNG: Sie benötigen eine Lammschulter mit Knochen, die Sie vom Metzger in mehrere Stücke zerteilen lassen. Zunächst einige Rosmarinzweige und 4 Zimtstangen in einen Couscoussier (einen zweigeteilten Kochtopf, wie er für Couscous verwendet wird) geben, den Topf bis zur Hälfte mit heißem Wasser füllen und alles bei starker Hitze zum Kochen bringen. Wenn das Wasser sprudelt, das Fleisch auf den Siebeinsatz legen, den Topf mit einem Deckel schließen und den Inhalt ungefähr 60 Minuten garen lassen. Durch den Zimt und den Rosmarin ist das Fleisch bereits sehr würzig, sodass Sie Salz nur sehr sparsam verwenden sollten.

Dieses feine, aromatische Lamm wird mit Dinkel gereicht, der 30 Minuten mit Salz, Pfeffer sowie etwa 10 geschälten und

gehackten Knoblauchzehen in kochendem Wasser gegart wird. Zum Schluss das Kochwasser abgießen, den Dinkel abtropfen lassen und mit etwas Olivenöl aus der Haute-Provence beträufeln. Sollte dieses Öl nicht zur Hand sein, achten Sie darauf, ein aromatisches Olivenöl zu verwenden.

Zu diesem köstlichen Gericht passt ein Côtes-du-Lubéron mit dem betörenden Duft der Garrigue. Die Cuvée Claude-Brasseur 1993 der Domaine de la Citadelle in Ménerbes hat sich bestens bewährt, aber auch die Cuvée du Gouverneur 1994 passt wunderbar dazu.

Lammspießchen mit Rosmarin

Wie bei der Aromatischen Lorbeersuppe (Rezept Seite 108) werden auch bei diesem Rezept die Lammfleischwürfel durch die holzigen Zweige des Rosmarins aromatisiert. Für 6 Personen benötigen Sie 12 frische Zweige Rosmarin von je 30 Zentimeter Länge. Die Blätter werden abgezupft und für die Marinade aufbewahrt.

Während sich die beiden Lammkeulen am Spieß drehen, werden sie hin und wieder unter Verwendung von Rosmarinzweigen mit Öl bestrichen.

Für die Marinade, die Sie einige Stunden im Voraus zubereiten sollten, brauchen Sie: 5 Esslöffel Olivenöl, die abgezupften Rosmarinblätter, einige Umdrehungen aus der Pfeffermühle (gesalzen wird erst gegen Ende der Garzeit) und 1½ Kilogramm Lammfleisch ohne Knochen (aus der Schulter), in nussgroße Stücke geschnitten. Pro Spieß sollte man mit 120 bis 150 Gramm Fleisch rechnen. Alle Zutaten müssen sorgfältig vermengt werden und mindestens 3 Stunden lang in der Marinade bleiben. Dann die Fleischwürfel auf die Rosmarinzweige ziehen.

Am besten gelingen diese Spieße über einer Rebholzglut, aber eine gewöhnliche Holzkohlenglut leistet ebenfalls gute Dienste. Nebenbei bemerkt ist das Talent des Grillkochs entscheidend für das Gelingen des Rezepts, und anscheinend sind es vor allem männliche Zeitgenossen, die sich hier positiv hervortun. Die Gardauer richtet sich nach dem individuellen Geschmack. Die Spieße kommen, noch rauchend, direkt vom Grill auf den Tisch. Dazu passt kaltes Ratatouille oder auch Salat, mit Knoblauch und ein paar Löffeln Wildlauchkonfitüre (Rezept Seite 71) angemacht.

Dank seines runden und pfeffrigen Bouquets und der markanten Noten dunkelroter Früchte wird ein Côtes-du-Rhône 1996 der Domaine de Gramenon diese einfache, aber aromatische Speise in ein Festmahl verwandeln.

Onkel Bertrands Brotkuchen

Geben Sie 500 Gramm altbackenes Brot in eine Backschüssel und zerkrümeln Sie es. Fügen Sie 100 Gramm Butter in Flöckchen, 100 Gramm Zucker und 3 Esslöffel Zimtpulver hinzu, ebenso 3 zerkleinerte getrocknete Orangenschalen sowie 1 Teelöffel Rosmarin. Der Rosmarin sollte auf keinen Fall dominant sein. Bringen Sie 1 Liter Milch zum Kochen und gießen Sie sie direkt über diese Mischung. Alles gut vermengen, wobei die härteren Brotrinden mit einem Holzlöffel zerdrückt werden. Zum Schluss 4 Eier wie zu einem Omelett verschlagen und sorgfältig in den Teig einarbeiten.

Den Brotteig in eine gebutterte Kastenform füllen. 40 Gramm Zucker, 40 Gramm weiche Butter und 2 verschlagene Eier miteinander verrühren und den Kuchen mit dieser Masse begießen. Bei schwacher Hitze 60 Minuten im Backofen garen. Dann die Form entfernen und den Kuchen auskühlen lassen.

Crème brûlée mit Rosmarin nach Art der schönen Clara

So wie sie aussieht, blond, gertenschlank und hoch gewachsen, könnte »unsere« schöne Clara die Rolle der mysteriösen Unbekannten in einem spannenden Thriller übernehmen. Doch zu unserem größeren Glück ist sie eine Feinschmeckerin und eine vorzügliche Köchin, die unablässig neue Geschmacksrichtungen und Konsistenzen erprobt und sich im Umgang mit Saucen, Kräutern und Gewürzen mit den allergrößten, experimentierfreudigsten Meisterköchen messen kann. Diese Crème brûlée mit Rosmarin ist eine ihrer Spezialitäten.

ZUBEREITUNG: ½ Liter flüssige Sahne und ½ Liter Milch mit 5 oder 6 Rosmarinzweigen zum Kochen bringen. Dann von der Kochstelle nehmen und abkühlen lassen. In der Zwischenzeit 8 bis 9 Eier mit 5 Esslöffeln Honig kräftig verschlagen, sodass eine glatte helle Mischung entsteht. Diese Eiermasse unter die Crème heben und dann das Ganze in eine weite, nicht zu hohe feuerfeste Form geben. Die Crème darf nicht höher als 2 Zentimeter in der Form stehen. 45 Minuten im Wasserbad im Backofen bei schwacher Hitze garen. Nach dem Herausnehmen vollständig auskühlen lassen und dann für mindestens 3 Stunden in den Kühlschrank stellen.

Vor dem Servieren wird die Crème an der Oberfläche mit Küchenkrepp aufgeraut und hauchfein mit Zucker bestreut. Das Karamellisieren der Zuckerschicht funktioniert am besten mit einem Bunsenbrenner. Unter dem Grill lässt das Ergebnis einiges zu wünschen übrig und ein spezielles Karamellisier-Eisen ist schwierig zu handhaben. Umso praktischer sind die im Handel erhältlichen Bunsenbrenner mit kleinen Gaskartuschen. Der Kontrast zwischen der kalten, seidigen Crème und dem heißen, knusprigen Karamell ist das Wichtigste an diesem Dessert – das daher sofort nach dem Karamellisieren serviert und gegessen werden muss.

Salbei

Salbei ist das »heilige Kraut« der alten Römer und im Mittelalter gestand man ihm universale Heilkräfte zu. Die Provenzalen haben ihn zum Hauptbestandteil einer typischen Suppe gemacht, »aigo boulido« genannt. Dieses »gekochte Wasser«, das den Ruf eines Jungbrunnens hat, besteht natürlich zunächst aus Wasser, dann aus Brot, Knoblauch und reichlich Salbei. Die Heilpflanze verleiht der Suppe das intensive Aroma und versorgt sie zugleich mit ihren anregenden, verdauungsfördernden, magenstärkenden, krampflösenden, schweißtreibenden und fiebersenkenden Wirkstoffen. Bereits der botanische Name »salvia officinalis«, der sich aus dem lateinischen »salvare« (retten, heilen) ableitet, lässt auf die gesunden Eigenschaften des Salbeis schließen.

Dieses schöne mehrjährige, buschige Kraut mit den ovalen graugrünen Blättern, weich wie Samt, und mit Blüten von einem intensiven Blau liebt ebenfalls kalkhaltige, trockene bis karge Böden. Sein herbwürziges Aroma passt zu Hammel- und Schweinebraten ebenso wie zu Fisch. Auch mit Esskastanien und Hülsenfrüchten paart es sich gern. In der Vaucluse gibt es noch Familien, die mit Salbei eine Melonenkonfitüre aromatisieren, der sie den hübschen Namen »meravillo« (Wunder) gegeben haben.

Ausgebackene Salbeiblätter

Dieses feine Rezept ist gewissermaßen ein Plagiat. Es stammt von meiner Freundin Elisabeth Bourgeois, die es uns in ihrem Restaurant »Mas Tourteron« in Gourdes servierte. Die kleinen, stark duftenden Salbeichips schmecken köstlich zum Aperitif, werden aber auch als Beilage zur Lammkeule oder zum Schweinebraten gereicht.

ZUBEREITUNG: Für den sehr leichten Ausbackteig 125 Gramm Mehl durch ein Sieb in eine Backschüssel füllen. In die Mitte eine Vertiefung drücken und etwas Salz, 1 ganzes Ei und 2 Esslöffel Olivenöl hineingeben. Alles gut vermengen, dann nach und nach 10 Zentiliter eisgekühltes Wasser einrühren. Zum Schluss sehr behutsam ein steif geschlagenes Eiweiß unter den Teig heben und gut vermengen.

Nun etwa 30 schöne große Salbeiblätter pflücken, waschen und trocknen. Die Blätter in den Ausbackteig tauchen und von beiden Seiten in einer Bratpfanne in reichlich siedendem Olivenöl knusprig braten. Danach einige Minuten auf Küchenkrepp abtropfen lassen. Mit Salz bestreuen und sofort, noch ganz heiß, servieren.

Statt Salbei eignet sich auch glatte Petersilie oder frisches Koriandergrün. Sie werden begeistert sein!

Grillpinsel aus Salbeiblättern

Der Grillpinsel gehört zum unverzichtbaren Rüstzeug eines jeden Barbecue-Chefs, der etwas auf sich hält. Er misst zirka 30 Zentimeter in der Länge und endet in einem dicken Büschel Salbeiblätter, die mit Küchengarn zusammengebunden werden. Man tunkt den Pinsel in ein würziges Olivenöl, das nach Belieben mit Pfeffer und Essig, mit Soja und Honig oder auch mit Knoblauch und frischem Thymian aromatisiert ist, und bestreicht damit hin und wieder das Grillgut, während es gart. In Toulon werden diese Pinsel, ohne die ein Grillabend nicht stattfinden kann, »baduscle« genannt.

Ediths Salbei-Pasta

Besser als jede andere versteht sich Edith Mézard auf die kleinen Dinge und Handgriffe, die uns den Alltag versüßen. Als Beispiele seien ihr parfümiertes Bügelwasser oder das feine Stickmuster auf dem Leinentischtuch genannt. Und dieses köstliche Pasta-Rezept.

ZUBEREITUNG: Reichlich Wasser mit Salz zum Kochen bringen. Dann 500 Gramm Penne hineingeben und so lange garen, bis sie »al dente« sind, nicht länger. Vor dem Abgießen des Kochwassers einen Schöpflöffel davon in die Servierschüssel geben, damit die Nudeln geschmeidig bleiben. Etwa 1 große Hand voll fein geschnittene Salbeiblätter mehrere Minuten in der Pfanne bei mittlerer Hitze in 3 Esslöffeln Olivenöl aus Nyons nur eben anbraten, den Pfanneninhalt über die sehr heißen Nudeln geben und alles wirklich gut miteinander vermengen. Servieren Sie dieses köstliche Gericht sofort. Dazu kann man separat Olivenöl aus Nyons, weißen Pfeffer aus der Mühle und ein Schälchen frisch geriebenen Parmesan reichen.

Zu diesem Gericht passt ein Côtes-du-Ventoux, der auf angenehme Weise den Durst löscht, oder auch ein lebhafter, fruchtiger Côtes-du-Lubéron.

Kalbsschnitzel mit Salbei

Dieses ebenso bekömmliche wie schmackhafte Gericht stammt aus Italien, wo es »saltimbocca« heißt, doch sind die kleinen Kalbsschnitzel auch ideale Begleiter des provenzalischen Ratatouille.

ZUBEREITUNG: Für dieses Rezept benötigen Sie ein Kalbsfilet Mignon, das (wie Wurst) in dünne runde Scheiben geschnitten wird. Außerdem brauchen Sie hauchfein geschnittene, fast transparente Scheiben vom Parmaschinken. Es macht nichts, wenn die Scheiben beim Aufnehmen etwas auseinander fallen. Pflücken Sie dann ein Büschel Salbei im Garten, garnieren Sie jedes Schnitzel mit 1 Salbeiblatt und decken Sie es mit je 1 Scheibe Parmaschinken ab. Alles mit Holzstäbchen feststecken. Die Schnitzel auf eine große Platte legen, ohne dass sie sich überlappen.

Damit das Fleisch gleichzeitig auf den Tisch kommt, sollte man die Schnitzel in

zwei großen Pfannen zugleich garen. Die Pfannen mit etwas Butter und je 1 Esslöffel Olivenöl erhitzen. Dann die Schnitzel mit der Schinkenseite nach unten hineinlegen und 4 Minuten braten. Wenden und von der anderen Seite ebenfalls 4 Minuten braten. Die Temperatur darf nicht zu hoch sein, damit die Butter nicht anbrennt, sie darf auch nicht zu niedrig sein, weil dann die Schnitzel nicht schön goldbraun würden.

Ganz am Schluss wird noch reichlich Pfeffer darüber gestreut, aber wegen des Schinkens bitte Vorsicht mit dem Salzen. Die Kalbsschnitzel auf einer vorgewärmten Platte anrichten. Zirka 2 Esslöffel Balsamessig in die Pfannen geben, um den Bratensatz vom Boden zu lösen, verrühren und über das Fleisch gießen. Sofort servieren.

Zum sanft parfümierten Kalbsschnitzel schmeckt ein weißer Côtes-du-Rhône, ein seidenweicher, samtiger Saint-Péray mit Pfirsicharoma oder der fette und aromatische weiße Crozes-Hermitage der Domaines Pochon.

Brunos Frikadellen mit Salbei

Père Bruno ist der liebenswerte »Brummbär« unserer Clique. Obwohl das Kochen im Grunde nicht zu seinen Hauptbeschäftigungen gehört, hat er dieses eine vorzügliche Rezept zu höchster Vollendung geführt. Und so kommt es ab und zu vor, dass er sich – meist sonntags um die Mittagszeit – klammheimlich in die Küche zurückzieht, woraufhin er dann, mit Töpfen und Pfannen scheppernd, lautstark wetternd auf Katzen, Hunde und alles, was die Frechheit besitzt, sich gerade dann im Türrahmen zu zeigen, mit großem Getöse seine himmlischen Frikadellen mit Salbei konfektioniert. Dass ich sein bislang geheim gehaltenes Rezept in diesem Buch veröffentlichen darf, ist das Zeichen seiner Anerkennung, die ich mir im Übrigen über einige Jahre und mehrere Bücher hinweg hart erarbeitet habe.

ZUBEREITUNG: Für die feine Sauce etwas Olivenöl in einen Schmortopf geben und darin 2 geschälte und klein geschnittene Zwiebeln mit 4 bis 5 grob gehackten Knoblauchzehen, aus denen zuvor der Keim herausgelöst wurde, goldgelb dünsten. Bei niedriger Temperaturstufe arbeiten, damit der Knoblauch nicht anbrennt. Sobald die Zwiebeln weich werden und Farbe annehmen, 1½ Kilogramm reife und geviertelte Tomaten hinzufügen. Im Winter, wenn es keine sonnengereiften Tomaten gibt, sind Konserven übrigens besser als die geschmacksfaden Exemplare aus dem Treibhaus. Dann noch 1 Lorbeerblatt, 2 bis 3 Salbeiblätter, 1 kleinen Thymianzweig, etwas Salz, frisch gemahlenen Pfeffer (einige Umdrehungen) sowie 5 bis 6 Würfel Zucker hineingeben. Den Topf schließen, den Temperaturregler auf die niedrigste Stufe stellen und die Sauce noch eine Weile köcheln lassen.

Währenddessen 1 Tasse warme Milch auf mehrere Scheiben zerkleinertes altbackenes Brot in einer großen Salatschüssel geben. Wenn das Brot die Milch vollkommen aufgesogen hat, mit 250 Gramm Wurstbrät und je 250 Gramm gehacktem Kalbfleisch und Hammel- oder Lammfleisch gut mischen. Dann 1 Knoblauchzehe und 1 große Hand voll frische Salbeiblätter im Mixer zerkleinern und diese Paste ebenfalls in den Fleisch-Brot-Teig einarbeiten. Zum Schluss noch 2 ganze Eier, Salz und Pfeffer hineingeben. Alles gut vermengen und aus dem Teig mit der Hand gleichmäßig große Frikadellen formen.

Danach werden die Frikadellen in der Pfanne in heißem Olivenöl von beiden Seiten knusprig braun gebraten und in die köchelnde Tomatensauce gegeben, wo sie noch eine gute Stunde mitgaren dürfen. Dazu schmecken frische Nudeln mit geriebenem Käse, aber auch eine Polenta aus Maisgrieß ist köstlich (Rezept Seite 128).

Dazu mundet ein junger, beschwingter Cairanne wie der der Domaine Marcel-Richaud, der leicht gekühlt wird, um die Noten der dunklen Früchte besser zur Geltung zu bringen.

BOHNENKRAUT

Provenzalisches Bohnenkraut, »sarriette« genannt, wird im Frühsommer geerntet und lässt sich nach dem Trocknen an einem licht- und luftgeschützten Ort lagern. Im Handel ist Bohnenkraut auch gemahlen erhältlich, hat dann allerdings einen Gutteil seines feinen, würzigen Aromas eingebüßt.

Man unterscheidet zwei Arten. Das einjährige Sommerbohnenkraut besitzt lange, weiche, spitz zulaufende dunkelgrüne Blätter. Im Spätsommer überzieht es sich mit kleinen blassrosa Ährenblüten und es wächst wild im provenzalischen Hochland. Das ebenfalls wild wachsende winterfeste Bohnenkraut, auch Pfefferkraut oder Eselspfeffer genannt, hat kleine, härtere Blätter und stark verzweigte, holzige Stängel. Ob einjährig oder mehrjährig, beide Arten sind hocharomatisch, riechen sehr intensiv und sind, wie Salz, vorzüglich zum Würzen geeignet. Ein Ziegenkäse ohne Bohnenkraut? Für die Provenzalen ein Ding der Unmöglichkeit und unvorstellbar.

Was die Heilkräfte betrifft, ist Bohnenkraut dem Thymian vergleichbar. Früher hat man dem Thymian aphrodisierende Kräfte zugeschrieben und sogar den französischen Namen für Bohnenkraut »sarriette« vom Wortstamm der Satyrn abgeleitet, antiken Fabelwesen, die für ihr reges Liebesleben bekannt waren und sich an diesem Kraut gelabt haben sollen.

Aber im Ernst: Der botanische Name für Bohnenkraut ist »satureia«, was ganz nüchtern »Ragout« bedeutet – und damit wären wir wieder bei unseren Töpfen angelangt.

Gebackene Kartoffeln mit Ziegenfrischkäse nach Jeannes Art

Diese phantasievolle Kreation meiner Tochter Jeanne wurde im Lauf der Jahre ständig perfektioniert und hat nun den höchsten Stand der Entwicklung erreicht.

ZUBEREITUNG: Damit alles schön gleichmäßig gart, 12 gleich große Kartoffeln auswählen. Sie müssen auch tadellos aussehen, weil sie in der Schale serviert werden. Zunächst die Kartoffeln waschen und 20 Minuten im Dampfkochtopf garen. Danach ein schönes Stück Pökelfleisch oder besser noch Räucherspeck in sehr kleine Würfel schneiden und mehrere Stängel Bohnenkraut zwischen den Fingern zerrupfen. Wenn die Kartoffeln gar sind, das heißt, wenn sie sich leicht mit der Messerspitze einstechen lassen, einen 10 Millimeter dicken »Deckel« in Längsrichtung abschneiden. Den Deckel abheben. Die Kartoffeln behutsam aushöhlen, und zwar so, dass die Schale noch intakt bleibt. Die ausgehöhlte Kartoffelmasse mit einer Gabel zerdrücken und mit 5 Ziegenfrischkäsen sowie 5 Esslöffeln Olivenöl vermischen. Die Speckwürfel und das Bohnenkraut hinzufügen, ebenso ½ sehr fein gehackte Knoblauchzehe. Mit reichlich Pfeffer bestreuen und eventuell noch etwas Salz hinzufügen (nur wenig, der Räucherspeck ist schon ziemlich salzig). Dann wird jede Kartoffel üppig mit Käse-Kartoffel-Püree gefüllt und auf ein Backblech gelegt.

Mit Olivenöl beträufeln und 15 Minuten im vorgeheizten Ofen überbacken.

Zu diesen rustikalen, deftigen Kartoffeln ist ein weißer Verführer der ideale Wein, zum Beispiel der kraftvolle, fruchtige Les Terrasses von Mas de Daumas Gassac.

Warmer Bohnensalat

Dieser sommerliche Salat besteht, wie der Bohneneintopf mit Pistou, aus roten Cocobohnen und länglichen milden Schalotten, »échalotes« genannt, die so rot wie Rotwein sind und in Paris auch »cuisses de nymphe« (Nymphenschenkel) heißen. Und außerdem kommt natürlich Bohnenkraut hinein.

ZUBEREITUNG: 1 Kilogramm Cocobohnen ausschoten. 1 große Schalotte schälen und in Würfel schneiden. Alles zusammen mit einem Bund Bohnenkraut in einen Topf geben. Mit Wasser bedecken und zum Kochen bringen. Die Temperatur reduzieren und 45 Minuten sieden lassen. Ganz zum Schluss salzen.

In der Zwischenzeit 6 Kalmare (15 Zentimeter lang) putzen, abwaschen und sorgfältig trockentupfen. Die Schläuche in 5 Millimeter breite Ringe schneiden, dann die kompletten Kalamare samt Köpfen und Fangarmen bei sehr starker Hitze in Olivenöl kurz anbraten.

Für das leichte Aïoli im Steinmörser 1 Knoblauchzehe zerdrücken, mit 1 Eigelb und etwas grobem Salz verrühren. Dann den Holzstößel beiseite legen und das Ganze mit dem Schneebesen zu Mayonnaise schlagen, wobei das Olivenöl nach und nach portionsweise eingeträufelt wird.

Vom Bohnenkraut 1 kleine Hand voll (Blätter) fein hacken und 1 dicke rote Schalotte in Scheiben schneiden. Die noch lauwarmen Bohnen gut abtropfen lassen und mit den Kalmaren in eine Salatschüssel geben. Die Knoblauchmayonnaise darüber gießen und alles vorsichtig vermischen. Zum Schluss Schalottenringe und gehacktes Bohnenkraut über den Salat streuen.

Sofort servieren. Dazu passt ein lebhafter und frischer Rosé aus dem laufenden Jahr. Meine Empfehlung ist ein Bandol des Château Pradeaux.

Lammragout mit frischen dicken Bohnen und Bohnenkraut

Dass Bohnenkraut so gerne zum Würzen von Bohnen und anderen Hülsenfrüchten verwendet wird, ist nicht nur auf sein feines Aroma zurückzuführen, sondern auch auf die gute Bekömmlichkeit, die es schwer verdaulichen Gerichten verleiht. Bohnenkraut ist auch das ideale Würzmittel für das folgende Frühlingsgericht.

ZUBEREITUNG: Zunächst 1 gutes Kilogramm dicke Bohnen ausschoten. Aus 3 Litern Wasser, Salz und Pfeffer, 1 Mohrrübe, 1 Zwiebel, 1 Bund Kräuter (Petersilie, frisches Bohnenkraut, 1 Lorbeerblatt) und 1 Stück getrocknete Orangenschale eine klare Brühe kochen und die dicken Bohnen 20 Minuten darin garen.

Lassen Sie sich vom Metzger 1 Kilogramm Lammfleisch (Hals- und Bruststück) in Würfel schneiden. Etwas Olivenöl in einen schweren Schmortopf geben und die Fleischwürfel darin bei reduzierter Hitze unter häufigerem Wenden etwa 20 Minuten anbräunen. Die Bohnen abgießen, abtropfen lassen und die harten Hüllen entfernen. Die Bohnen in den Fleischtopf geben, mitsamt 2 ungeschälten Knoblauchzehen, die etwas gequetscht wurden (mit der Hand gegen die Tischplatte pressen). Eine knappe Hand voll frische Bohnenkrautblätter, dann noch etwas Wasser, Salz und frisch gemahlenen Pfeffer (mehrere Umdrehungen) hinzufügen. Den Topf mit einem Deckel schließen und 40 Minuten köcheln lassen.

Wenn das Ragout gar ist, den Topf von der Kochstelle nehmen, 10 Minuten stehen lassen und dann servieren. Ich empfehle dazu einen weichen Côtes-du-Rhône, fruchtig-elegant mit pfeffrigen Noten wie der der Domaine de la Soumade in Rasteau.

Wacholder

Es stellt sich die Frage, ob Wacholder in einem Buch über die Küchenkräuter der Provence, obendrein im selben Kapitel wie Thymian und Salbei, erwähnt werden sollte. Denn im Grunde ist Wacholder kein Küchenkraut. Nur die blauschwarze Beere, die im dritten Lebensjahr der Pflanze im Oktober oder November zur Reife kommt, wird verwendet. Die Ernte der Wacholderbeeren ähnelt der von Nüssen und Oliven: Man schlägt so lange mit langen Stöcken auf die stachelbewehrten Äste und Zweige ein, bis die reifen Beeren in die auf dem Boden ausgebreiteten Sammeltücher fallen. In der Vallée de l'Ubaye wurden die Beeren einst von Hand gepflückt, von Pflückern und Pflückerinnen, die sich durch dicke Handschuhe aus Lamm- oder Kaninchenleder vor den Stacheln schützten. Wacholder ist jedoch nicht nur ein altbekanntes, bewährtes Diuretikum und Stärkungsmittel, sondern auch ein vorzügliches Würzmittel.

Tatsächlich ist der Wacholderstrauch weit über die Grenzen der Provence hinaus verbreitet und seine schwarzen Beeren sind eher bekannt als klassische Dreingabe eines elsässischen Choucroute oder eines nordfranzösischen Wacholderschnapses als für die typisch provenzalische Küche. Trotz alledem: Wacholder wächst überall auf den Hügeln der Provence, oft in Gemeinschaft mit seinem Verwandten, dem Baumwacholder, dessen Beeren größer und bräunlich sind. Und kein Jäger würde es jemals versäumen, eine Hand voll Wacholderbeeren für die Kaninchenpastete mit nach Hause zu bringen.

Salmi von Geflügellebern mit Wacholderbeeren

Dieses Rezept ist vor allem im Frühling empfehlenswert, wenn es frische Morcheln gibt. Ansonsten nimmt man einfach 2 bis 3 getrocknete Morcheln, die vor der Verwendung für 60 Minuten in lauwarmes Wasser gelegt werden, damit sie das ihnen entzogene Wasser wieder aufnehmen können.

ZUBEREITUNG: Bemächtigen Sie sich zunächst einer großen Pfanne, um darin alle Zutaten sukzessive in etwas Olivenöl anzubraten. 2 dicke Stangen Lauch gut waschen, die äußere Hülle entfernen, in dünne Ringe schneiden und bei reduzierter Hitze goldgelb dünsten, dann in eine große Salatschüssel geben. Danach 200 Gramm gewürfelten Räucherspeck in derselben Pfanne knusprig goldgelb ausbraten und zu dem Lauch in die Schüssel geben. Noch etwas Olivenöl in die Pfanne gießen, erhitzen, aber nicht brutzeln lassen, und 1 Kilogramm Geflügellebern hineingeben. Unter häufigerem Wenden 10 Minuten braten und danach ebenfalls in die Schüssel geben.

Nach derselben Methode die Morcheln garen. Zum Schluss kommt noch ein üppiger Kopfsalat dazu, der sorgfältig gewaschen, trocken geschleudert und grob zerkleinert in die Pfanne gegeben wird. Abwarten, bis das Wasser verdunstet ist, und den Salat dünsten, bis er seine Farbe verändert. Den gegarten Salat zusammen mit 10 reifen blauen und zerriebenen Wacholderbeeren, Salz und Pfeffer aus der Mühle und 4 Esslöffeln Himbeeressig in die Schüssel geben.

Alles gut vermischen und klein hacken, aber nicht zu fein. Die Konsistenz soll noch etwas grob, aber nicht cremig sein. Zum Schluss nochmals abschmecken und falls nötig nachwürzen. Dieses köstliche Salmi macht sich gut als Vorspeise oder als Bestandteil eines kalten Sommerbüffets. Dazu schmeckt warmes, geröstetes Landbrot oder auch Wildlauchkonfitüre (Rezept Seite 71). Dieses Gericht ist lauwarm oder kalt gleichermaßen köstlich. Aber bitte nicht eiskalt servieren.

Dazu empfehle ich einen schön strukturierten Rotwein, zum Beispiel einen Coudoulet der gleichnamigen Domaine de Beaucastel in Châteauneuf-du-Pape, der ein wundervolles Fruchtaroma aufweist.

Gefülltes Huhn mit Wacholder nach Angèles Art

Angèle ist eine große, attraktive und sehr großzügige Frau. Ihren Haushalt samt Kindern, Katzen und Hunden führt sie mit der festen Hand eines Feldwebels und dem Sanftmut einer Madonna mit dem Kinde. Und kochen kann sie phantastisch.

ZUBEREITUNG: Besorgen Sie sich ein Huhn aus garantierter Freilandhaltung von etwa 1½ Kilogramm. Die Hühnerleber zusammen mit 150 Gramm Kalbfleisch und 100 Gramm magerem Schweinefleisch hacken. Dann etwa 10 Wacholderbeeren mit einem Stößel zerdrücken. Die Fleisch-Leber-Masse mit 1 ganzen Ei, dem gepressten Wacholder, 1 großzügigen Prise Salz und frisch gemahlenem Pfeffer mischen. Das Innere des Hühnchens mit frischen Lorbeerblättern auslegen und mit der Fleischmasse gründlich stopfen.

Die Öffnung mit einer großen Nadel und Küchengarn zunähen und die Flügel, die Keulen und den Hals mit dem überstehenden Ende des Fadens am Rumpf des Hühnchens befestigen. Dann das Ganze im vorgeheizten Backofen ungefähr 45 Minuten garen. Hin und wieder mit dem Bratensaft begießen und das Hühnchen mithilfe eines Pinsels aus Salbeiblättern (dem »baduscle«, Seite 34) mit einem eher milden Olivenöl bestreichen.

Dazu passt ein weicher, aromatischer Wein, zum Beispiel ein Crozes-Hermitage von Alain Graillot, der rund und vollmundig ist und mit besonders dominanten Früchten aufwartet.

Wacholder konfitüre

Obwohl es nicht ganz einfach zu realisieren ist, möchte ich Ihnen das Rezept für diese dunkle, fast tintenschwarze Konfitüre nicht vorenthalten. Die traditionelle Spezialität aus der Vallée de l'Ubaye mundet zu Räucherschinken ebenso hervorragend wie zum Ziegenfrischkäse, der auch als Dessert gereicht werden kann.

Meistens wird diese herrliche Konfitüre hausgemacht, aber im Herbst ist sie auf allen Märkten in und um Barcelonnette erhältlich.

ZUBEREITUNG: Vor dem Entsaften werden die Wacholderbeeren 2 Stunden lang in reichlich Wasser gekocht, bis sie sich zwischen den Fingern zerquetschen lassen. Man rechnet 5 Liter Wasser für 3 Kilogramm Beeren. Die Beeren abkühlen lassen und dann mit einem Holzlöffel oder Stampfer durch ein Sieb geben. Den so gewonnenen Saft in einen hohen Topf gießen und bei geringer Hitze köcheln lassen, bis ein dicker Sirup entsteht.

Wenn Sie möchten, noch etwas Zucker hinzufügen. Aber das ist eigentlich nicht nötig. Die Konfitüre in Gläser abfüllen. Sie hält sich über viele Monate, wobei sie sich allmählich immer dunkler färbt.

FENCHEL

Seine Eleganz ist bestechend: aparte, blaugrüne Stängel, Blätter wie Filigran und große gelbe Blütendolden. Im Sommer zieren die ätherischen Stauden Wege und Straßen im Flachland, weswegen ich zunächst etwas zögerte, sie in das Kapitel über Bergkräuter aufzunehmen. Fenchelkraut wirkt stärkend, fördert die Verdauung, hilft bei Appetitlosigkeit und Blähungen. Obendrein ist es ein altbewährtes Mittel, das jungen Müttern zur Förderung der Milchbildung verschrieben wurde und wird, dazu braucht man lediglich einen einfachen Tee aus Fenchelsamen aufzubrühen – vielleicht mit etwas Süßholzwurzel gegen die Bitterkeit.

In der Küche ist Fenchel ein wahres Universaltalent. Er gilt als unzertrennlicher Begleiter diverser Fischgerichte, dabei werden seine frisch gepflückten oder auch getrockneten Zweige einfach in der Brühe mitgegart. Er aromatisiert Fischsuppen wie die Bouillabaisse; er würzt Seewolf und Meerbarbe, die im Backofen garen; und einige Fenchelzweige, direkt auf die Glut unter den Grill gelegt, verleihen dem gegrillten Fisch ein köstliches Raucharoma. Das frische, fein geschnittene Fenchelgrün ist das i-Tüpfelchen auf dem Salat. Sogar mit Kartoffeln lässt sich Fenchel kombinieren: Etwas Olivenöl mit Salz und einer Hand voll gehacktem Fenchel mit einigen in der Schale gegarten sowie in dicke Scheiben geschnittenen Kartoffeln (überwiegend fest kochend) auf einem Teller anrichten und noch warm servieren.

Darüber hinaus gibt es auch den kultivierten Fenchel mit seinen dicken Knollen, die ein köstliches Gemüse abgeben.

Fischsuppe, wie man sie in Malmousque macht

Malmousque liegt in einer Bucht in der Nähe von Marseille, vor der Insel Château d'If, am Vallon des Auffes. Dort habe ich vor einigen Jahren, als ich bei Freunden war, erstmals diese Fischsuppe kosten dürfen. Sie wird aus dem weißen, festen, schmackhaften Fleisch des »fielat« (Meeraal) und im Unterschied zu einer Bouillabaisse nur mit einer Sorte Fisch zubereitet.

ZUBEREITUNG: Folgende Zutaten in einem hohen Kochtopf bei starker Hitze und unter ständigem Rühren in etwas Olivenöl anbräunen lassen: 1 klein geschnittene Zwiebel, 2 zerquetschte Knoblauchzehen, 2 große Meeraalköpfe (vom Fischhändler), 1 Dutzend Fenchelzweige, 1 Streifen getrocknete Orangenschale, 1 kleine zerriebene Chilischote. Wenn das Ganze schön gebräunt ist und anzusetzen beginnt, 4 Liter kochendes Wasser darüber gießen, sodass alle Zutaten bedeckt sind. Zum Schluss noch eine Prise grobes Salz hinzufügen, mit dem Topfdeckel verschließen und weiterkochen lassen.

Nach 60 Minuten in einen zweiten Topf etwas Olivenöl gießen und die weißen Teile von 4 bis 5 Lauchstangen, in Ringe geschnitten, mit 2 grob gehackten Knoblauchzehen, 4 bis 5 knackfrischen, dicken Fenchelknollen, 4 großen geviertelten Tomaten, mehreren getrockneten Fenchelzweigen und weiterer Orangenschale andünsten, unter Umrühren bräunen lassen, dann ein großes Sieb auf den zweiten Topf legen und den Inhalt des ersten Kochtopfs hineinschütten. Mithilfe eines Holzlöffels die Fischköpfe und das Gemüse gut ausquetschen, damit der Saft abläuft. Zum Schluss bleibt dann nur eine feste Trockenmasse übrig, die weggeworfen wird.

Dann kommen noch 4 große, überwiegend fest kochende Kartoffeln hinein, die vorher gewaschen, geschält und in Scheiben geschnitten wurden. Die Suppe etwa 10 Minuten kochen lassen und dann 6 bis 8 schöne Stücke von dem Meeraal hinzufügen. In sprudelnd kochendem Wasser nicht mehr als 10 Minuten weitergaren.

Bevor der Topf von der Kochstelle genommen wird, mit etwas Safran würzen. 1 Messerspitze genügt. Ich persönlich verwende am liebsten Safranfäden. Dann die Fenchelzweige herausnehmen. Vorsichtig umrühren, damit Fisch und Kartoffeln nicht zerfallen, und sofort mit Knoblauchcroûtons und geriebenem Bergkäse servieren.

Zu dieser Meeraal-Bouillabaisse passt ein weißer, voller und doch nerviger Cassis, vornehm und mit blumigen Aromen wie der Clos Sainte-Magdeleine, der Beste seiner Appellation.

Gedämpftes Fenchel- und Selleriegemüse

Die überaus harmonische Verbindung zweier Gemüse bringt dieses einfache und bekömmliche Gericht hervor, das sich ohne Aufwand zubereiten lässt: Den Couscoussier bis zur Hälfte mit frischen oder getrockneten Fenchelzweigen füllen, mit Wasser bedecken und zum Kochen bringen. 1 große Knolle Sellerie waschen, schälen und in 6 bis 8 Stücke schneiden. Schöne runde Fenchelknollen waschen und jeweils

das Hüllblatt entfernen. Falls die Knollen sehr groß sind, eventuell halbieren. Dann alles auf den Einsatz des Couscoussier legen, den Topf schließen und das Fenchel-Sellerie-Gemüse 45 Minuten im Fencheldampf garen lassen. Dazu wird feines Meersalz aus der Provence (fleur de sel) und Olivenöl gereicht. Dieses Gemüse schmeckt als Beilage zu Fisch- und Fleischgrilladen und vor allem zu Rinderbraten gut.

Fenchelöl

Traditionsgemäß wird Fenchel in der Provence zum Michaelstag am 29. September geerntet, wenn er den Höhepunkt seiner Reife erlangt hat und Samen bildet. Dann ist auch die beste Saison zur Herstellung dieses köstlichen Fenchelöls. Sie brauchen lediglich eine hübsche Flasche auszuwählen, in die einige Fenchelzweige mit Blättern sowie 1 bis 2 Fenchelblüten oder -samen eingeführt werden. Dann mit hochwertigem fruchtigem Olivenöl bis zum Flaschenhals auffüllen. Die Flasche verschließen und 4 Wochen stehen lassen. Nach Ablauf der Frist entkorken und mit einem Ausgießer verschließen. Stellen Sie diese Flasche immer auf den Tisch, wenn Sie beispielsweise gegrillten Fisch oder auch einfach nur Pellkartoffeln servieren.

Lavendel

Als Inbegriff der provenzalischen Landschaft beherrscht der Lavendel bis heute die Titelseiten internationaler Hochglanzmagazine: Lavendelfelder mit prächtigen blauen Blütenteppichen, so weit das Auge reicht, im Wechsel mit knorrigen Olivenbäumen und dem strahlenden Gold der Sonnenblumen. Lavendel wird überwiegend zu Essenzen und Ölen verarbeitet, zum Teil aber auch in der Küche verwendet. Wenn Sie in der Haute-Provence unterwegs sind, werden Ihnen sicherlich die bizarren und vom Rost angegriffenen Eisenkonstruktionen aufgefallen sein, die häufig an Flussläufen aufragen. Das sind Destillerien, die nur einmal im Jahr zum Zeitpunkt der Lavendelblüte in Betrieb sind und den Rest der Zeit stillgelegt sind.

Lavendel ist auch ein altes Heilmittel, dessen krampflösende und harntreibende Wirkung anerkannt ist und ihm früher in der Volksmedizin einen führenden Platz sicherte. In der Küche der Provence wurde das Kraut jedoch erst in jüngerer Zeit entdeckt, als nämlich einige junge experimentierfreudige Küchenchefs sich auf das Wagnis einließen, Lavendel für ihre Zwecke zu domestizieren.

Nougatparfait mit Lavendelblütenhonig

Zunächst wie bei einer Vanillecreme 9 Eigelb und 5 Esslöffel Lavendelhonig zu einer weißlichen, cremigen Masse schlagen. Dann je ½ Liter frische Vollmilch und Sahne aufkochen lassen. 10 Minuten abkühlen lassen, anschließend die Flüssigkeit mit dem Schneebesen unter die Eiercreme mischen. Das Ganze bei mittlerer Hitze unter ständigem Umrühren garen, bis die Creme am Kochlöffel haften bleibt. Unter häufigerem Umrühren auskühlen lassen. Zum Schluss 150 Gramm Pinienkerne, 100 Gramm kandierte, in winzige Stückchen geschnittene Melonenstreifen sowie 1 knappe Hand voll frische, zerriebene Lavendelblüten sorgfältig unterheben. Diesen Nougat in eine Sorbetière geben und im Tiefkühlfach fest werden lassen.

Claras Lavendeleis

Genau wie beim Nougatparfait zunächst 9 Eigelb mit 180 Gramm Zucker zu einer glatten, hellen Creme schlagen. Je ½ Liter frische Vollmilch und Sahne mit 2 Hand voll frisch gepflückter Lavendelblüten aufkochen lassen, neben den Herd stellen und etwa 10 Minuten ziehen lassen. Diese Mischung durch ein Sieb in die Eiercreme geben. Dann den Topf auf die Kochstelle zurückstellen und das Ganze unter ständigem Rühren köcheln lassen, bis die Creme den Schneebesen überzieht. Alles gut auskühlen lassen, in eine Sorbetière füllen und im Kühlfach fest werden lassen.

Löwenzahn

Der französische Name »pissenlit« spricht für sich. Die rohen Löwenzahnblätter wirken harntreibend, gegen Appetitlosigkeit, Verdauungsstörungen und Beschwerden der Galle- und Leberfunktionen. Dabei handelt es sich im Grunde um ein ganz gewöhnliches Kraut, mit tief eingezahnten, kranzförmig angeordneten Blättern und einem lanzenförmig aufragenden Stängel in der Mitte. Auf dem Höhepunkt der Reife haben sich die strahlend gelben Blütenstände in ein feines Gespinst verwandelt, das bei einem heftigen Windstoß davonfliegt. Nach altem Brauch pflückten die jungen Mädchen diese Pusteblumen, wenn sie herausfinden wollten, in welchem Jahr sie heiraten würden – nach demselben Muster, wie sich an den Blütenblättern der Margerite abzählen ließ, ob der Erwählte die eigenen Gefühle erwiderte oder nicht. Und so oft, wie man pusten musste, so viele Jahre musste man noch warten. Schwebten die feinen Schirmchen in den Himmel, standen die Zeichen günstig; und wenn nicht, wurde der Test an einem anderen Tag unter besseren Windverhältnissen wiederholt. Nach dem kahlen Körbchen, das in der Mitte zurückbleibt, haben die Franzosen die Pusteblume »tête de moine« (Mönchsschädel) genannt.

Löwenzahnblätter ergeben einen wohlschmeckenden Salat. Aber dass ein Aufguss aus Löwenzahnblüten, mit Zucker gemischt, ein vorzügliches Gelee ergibt, das in Farbe und Geschmack dem Honig zum Verwechseln ähnlich ist, dürfte weniger bekannt sein.

Löwenzahnkonfitüre

Dieses Rezept gelingt im Frühling am besten. Exakt 350 Gramm Löwenzahnblüten mit dem Messer abschneiden und in einen ausreichend großen Sammelkorb legen. Zu Hause müssen die Blütenköpfe sofort unter fließendem Wasser gut abgespült werden, weil sich im undurchdringlichen Inneren der Blüte allerlei Getier versteckt. Die gut gewaschenen Blüten abtropfen lassen und dann zum Trocknen auf einer Unterlage ausbreiten. Nach 24 Stunden 1 Liter Wasser mit dem Saft von je 1 Orange und 1 Zitrone in einer großen Kasserolle zum Kochen bringen und die Blüten hineingeben. Den Topf von der Kochstelle nehmen, mit dem Deckel verschließen und vollständig auskühlen lassen. Den Saft durch ein Sieb abgießen, abwiegen und das gleiche Gewicht an Zucker hinzufügen. Die Konfitüre in einen schweren Topf geben und

ungefähr 40 Minuten langsam köcheln lassen, bis die Konsistenz an flüssigen Honig erinnert. Zum Aufbewahren in verschließbare Gläser füllen.

Gewürzbrot mit Löwenzahn-Orangen-Gelee

Löwenzahngelee ist dem Honig in Konsistenz und Geschmack so ähnlich, dass es ihn ohne weiteres in einem Gewürzbrot ersetzen kann. Und trotzdem hat dieses Gelee einen eigenständigen Charakter, der sich in dem folgenden vorzüglichen Rezept aufs Feinste offenbart.

ZUBEREITUNG: In einer großen Schüssel 3 verschwenderisch gehäufte Esslöffel Löwenzahngelee mit je 1 Tasse Zucker und kochender Milch verrühren. Nacheinander 2 Tassen Weizenmehl, 1 Tasse Roggenmehl und 1 Päckchen Backpulver hinzufügen und mit einem Holzlöffel alles schön glatt rühren. Jetzt 3 ganze Eier, 100 Gramm geschmolzene Butter (im Wasserbad) und 1 Esslöffel in hauchdünne Streifen geschnittene Orangenschale untermischen. Den Teig in eine sehr gut gebutterte Kastenform geben und 45 Minuten bei mittlerer Hitze backen. Danach den Kuchen aus der Form lösen und auf einem Blech auskühlen lassen. Dieses Gewürzbrot schmeckt vor allem am Nachmittag, es wird aufgeschnitten und mit frischer Butter serviert.

Löwenzahnsalat

Seit eh und je pflegt man in Frankreich beim Sonntagsspaziergang ein wenig Löwenzahn zu sammeln – für den abendlichen Salat zu Hause. Manche lieben ihn zwar gerade für seine Bitterkeit und die zähe Konsistenz, besser wäre jedoch, die jungen Löwenzahnblätter im Frühjahr zu sammeln, natürlich abseits der verschmutzten Autostraßen, an den Wegesrändern, denn die jungen Pflänzchen sind milder und feiner als ausgewachsene Sommerpflanzen. Auch die zarten Blütenknospen ergeben einen köstlichen Salat. Durch seinen Bittergeschmack passt Löwenzahn ausgezeichnet zur Knoblauch-Vinaigrette, und im Unterschied zu anderen Blattsalaten, die nicht mehr als ein paar Spritzer von einem allerdings guten und fruchtigen Olivenöl brauchen, verträgt er eine kräftigere Tunke.

In Lyon wird Löwenzahn mit Senf-Vinaigrette, gerösteten Knoblauchcroûtons und 1 sehr behutsam abgeschälten, noch weichen Ei (6 Minuten Kochzeit) serviert.

In Aups, im Haut-Var, reicht man Löwenzahnsalat mit einer Sauce aus Walnusskernen, Anchovisfilets, zerstoßenem grobkörnigem Salz und etwas Olivenöl.

Und überall sonst in der Provence findet man Löwenzahn in einer Vinaigrette aus Olivenöl, begleitet von goldbraun gerösteten und mit Knoblauch eingeriebenen Croûtons.

Klatschmohn

Madame und Monsieur Hector bieten alljährlich im Frühjahr auf ihrem Marktstand in L'Isle-sur-la-Sorge unter dem Namen »épinards sauvages« einen köstlichen, etwas pfeffrigen Spinat feil, der sich dann eines Tages zu meiner Überraschung als junger Mohn herausstellte.

Diese einjährige Pflanze mit ihren bezaubernden roten Blüten sprießt im späten Frühling überall auf Äckern und Wiesen. Die Volksmedizin schreibt den Blütenblättern und den getrockneten Mohnsamen eine beruhigende, leicht narkotisierende und den Hustenreiz mildernde Wirkung zu, Eigenschaften, die bei seinem Verwandten, dem opiumhaltigen Schlafmohn, allerdings in stärkerer Form anzutreffen sind.

In Deutschland, Österreich und Nordeuropa wird aus Mohnsamen des Gartenmohns Backwerk hergestellt. Im Süden Marokkos wurde mir eines Tages ein köstlicher Couscous mit Mohnknospen serviert. Und in der provenzalischen Küche finden die jungen Triebe und Blätter wie Mangold oder Spinat Verwendung, wobei die grünen Teile des Mohns weit geschmacksintensiver sind als die Blätter von Mangold und Spinat.

Mohngrün mit Anchovis

3 große Hand voll Mohnblätter (oder Spinat), 1 großen Kopfsalat, 1 Hand voll Rucola und 1 Stängel jungen Lauch säubern, waschen und abtropfen lassen. Grob hacken.

In einem schweren Topf 6 bis 7 Anchovisfilets in etwas Olivenöl dünsten und unter Zuhilfenahme einer Gabel zergehen lassen. Die gehackten Kräuter, 2 Lorbeerblätter und rund 20 schwarze Oliven hinzufügen. Alles vermengen, den Topf schließen und unter häufigerem Umrühren ungefähr 20 Minuten sanft fertig garen lassen. Vor dem Servieren einige Spritzer Olivenöl darüber geben.

Diese Speise kann warm als Beilage und kalt als Vorspeise gereicht werden.

Süße Tarte mit Mohngrün

Dieses originelle und köstliche Dessert ist eine der vielen Varianten der traditionellen Mangoldtarte nach Nizza-Art.

ZUBEREITUNG: 2 große Hand voll junger Mohntriebe und -blätter (wahlweise Mangold) waschen und verlesen. Die harten Stängel entfernen, aber die Blütenknospen aufbewahren. Das Grün 5 Minuten in kochendem Wasser blanchieren und möglichst gut abtropfen lassen.

100 Gramm Rosinen in ein Sieb geben und abspülen, dann in einer Schale mit 3 Esslöffeln gutem Rum quellen lassen.

Für den Mürbeteig: 250 Gramm Mehl mit 1 Prise Salz, 50 Gramm Butter, 3 Esslöffeln Olivenöl und 3 Esslöffeln Wasser rasch vermengen und zu einem lockeren Teig verarbeiten. Die gebutterte Kuchenform damit auslegen, den Boden mehrmals mit der Gabel einstechen und bei reduzierter Hitze ungefähr 15 Minuten vorbacken, ohne dass der Teig Farbe annimmt.

In der Zwischenzeit 2 große Eigelb, 100 Gramm Crème fraîche, 75 Gramm Zucker und die geriebene Schale 1 großen unbehandelten Zitrone mit einer Gabel verrühren.

Den vorgebackenen Teig aus dem Backofen nehmen. Das gewaschene Mohngrün über den Teigboden verteilen. Die Rosinen und 100 Gramm Pinienkerne darüber streuen. Das Ganze mit der Eier-Sahne-Creme sorgfältig bedecken und in 20 Minuten fertig backen. Dann die Torte aus dem Ofen nehmen, gut auskühlen lassen und ganz zum Schluss mit etwas Puderzucker bestreuen.

Zu dieser Tarte passt ein sehr gut gekühlter Muscat-de-Beaumes-de-Venise, zum Beispiel der Jahrgang 95 der Cave des Vignerons in Baumes-de-Venise, ein »vin doux«, der mit Noten kandierter Orangen und Zitronen sowie mit köstlicher Fruchtkonzentration aufwartet.

Brennnessel

Es gibt sie in verschiedenen Spielarten, beispielsweise die Große und die Kleine Brennnessel oder auch die Taubnessel, und sie gehört zu den unbeliebtesten Kräutern überhaupt. Was verständlich ist, denn wer sie mit der ungeschützten Hand abpflückt oder auch nur flüchtig mit nackten Beinen streift, muss sich auf einen brennenden Juckreiz auf der Haut gefasst machen. Obendrein quittiert sie die fortwährenden Angriffe des um ihre völlige Ausrottung bemühten Menschen mit wildem Wuchern überall dort, wo menschliches Scheitern einen Ort verwaisen ließ: zwischen Bauruinen, stillgelegten Gleisen und auf Abfallbergen. Die Brennnessel steht für das Un-Kraut schlechthin, doch wenn man mit ihr umzugehen weiß, wird man feststellen, dass sie weit besser ist als ihr Ruf. Ähnlich wie aus Sauerampfer und Brunnenkresse lassen sich auch aus Brennnesseln ausgezeichnete Suppen zubereiten. Außerdem nehmen sie während des Garens einen prächtigen smaragdgrünen Farbton an. Die Brennnessel kann in den folgenden Rezepten ohne weiteres durch Spinat ersetzt werden.

Brennnessel-Omelett

Etwa 20 Brennnesselzweige pflücken, natürlich nicht, ohne vorher die Handschuhe überzustreifen! Und keine Sorge: Sobald sie gekocht sind, verlieren die Pflanzen ihre brennenden Reizstoffe. Die Blätter abzupfen, waschen und mit Küchenkrepp trocken tupfen. Die Stängel wegwerfen.

Etwas Olivenöl in die Bratpfanne geben und 1 geschälte und in dünne Ringe geschnittene Zwiebel bei reduzierter Hitze langsam goldgelb dünsten. Dann die Brennnesselblätter sowie 1 geschälte und grob gehackte Knoblauchzehe hinzufügen. Mit Salz und Pfeffer bestreuen. Die Temperatur etwas höher stellen und den Pfanneninhalt mit dem Kochlöffel umrühren, bis die Brennnesseln ganz weich sind und in sich zusammenfallen. Das geht sehr rasch. Dann die Pfanne von der Kochstelle nehmen.

In einer Salatschüssel 8 bis 10 Eier aufschlagen, Pfeffer und Salz hinzufügen und alles zum Omelett verschlagen, die Brennnesseln hineingeben, etwas Olivenöl nachgießen und die Eiermasse mit den Kräutern in die Pfanne gießen. Das Omelett muss langsam garen, damit es schön weich wird. Am Schluss zusammenklappen, sodass es innen noch etwas flüssig bleibt.

Ein kraftvoller weißer Coteaux-d'Aix des Château Calissanne passt dazu.

Stockfisch mit Brennnesseln

Zum Entsalzen 1 Kilogramm Stockfisch in eine Schüssel mit Wasser geben, das Wasser mehrmals wechseln und über Nacht stehen lassen. Am nächsten Tag den Fisch in siedendem Wasser pochieren. Das Wasser abgießen und den Fisch abkühlen lassen. Haut und Gräten entfernen und das Fischfleisch in Stücke zerteilen.

Die Brennnesselblätter für 3 Minuten in einen hohen Kochtopf mit kochendem Salzwasser füllen. Nach dem Blanchieren die Brennnesselblätter in einen Durchschlag geben und nach dem Abtropfen fein hacken.

In einer großen Bratpfanne Olivenöl bei niedriger Temperaturstufe erhitzen und 1 gehackte Zwiebel goldgelb dünsten. 2 oder 3 große Anchovisfilets gründlich waschen, in die Pfanne geben und dünsten, bis sie zergehen (mit Holzlöffel oder Gabel nachhelfen), dann die gehackten Brennnesseln in die Pfanne schütten. Alles weitergaren lassen und dabei häufiger umrühren. Etwas gehackten Knoblauch und frischen Pfeffer hinzufügen, eventuell noch etwas Salz, wenn die Anchovisfilets nicht salzig genug sind.

So weit das Grundrezept. Ich selbst rühre 1 oder 2 Esslöffel Crème fraîche darunter, was das Ganze noch köstlicher macht. Die Hälfte der Brennnesseln und das poschierte Fischfleisch in eine leicht ein-

geölte feuerfeste Form geben. Die andere Hälfte der Brennnesseln darüber verteilen. Mit geriebenem Bergkäse (Gruyère) und Paniermehl bestreuen und mit Olivenöl beträufeln. Ungefähr 15 Minuten bei mittlerer Hitze überbacken.

Dazu passt ein 96er Coudoulet Blanc, das ist ein üppiger weißer Côtes-du-Rhône des Château de Beaucastel mit schön entfalteten Duft- und Geschmacksnoten und einem guten Abgang. Oder auch ein vollmundiger, aber angenehm frischer Bellet Blanc des Château de Crémat, einem hervorragenden Weingut im Hinterland von Nizza.

Wilder Spargel

Diese mehrjährige Nutzpflanze aus der Familie der Liliengewächse bildet einen unterirdischen Wurzelstock, aus dem im Frühjahr die essbaren zarten Triebe sprießen, die sich mit der Zeit zu einem feinen grünen Blätterfiligran verzweigen. Diese Gespinste zeigen dann den Standort des jungen Spargels an, der sich unter Büschen, Hecken und Bäumen, an Böschungen und Mauern verbergen kann. Geerntet werden nur die jungen Triebe, die sich oft schwer ausmachen lassen, weil sie so extrem fein und viel dünner als Zuchtspargel sind. Die Provenzalen, die eine wahre Leidenschaft für ihren Wilden Spargel hegen, veranstalten alljährlich im Frühjahr großartige Gelage, um sich gegenseitig im Spargelgenuss zu übertrumpfen. Dabei wird der ungeschälte Spargel einfach nur in Dampf gegart und lauwarm mit einer Vinaigrette gereicht. Diese Vorliebe für Wilden Spargel ist sicherlich der Grund dafür, dass man in der Provence auch Zuchtspargel am liebsten grün isst – dafür müssen die Stangen bereits zwanzig Zentimeter aus der Erde gewachsen sein und Licht und Luft ihre farbgebende Wirkung entfaltet haben. Weißer Spargel wächst im Dunkeln unter kleinen Erdwällen, und je höher er sprießt, desto stärker verfärbt er sich. Spargel gibt es in vier Sorten: Bleichspargel, Weißviolett, Violett und Grün, wie in der Provence. Nach einer alten Regel kann man sagen: Je weiter man nach Nordeuropa vordringt, desto bleicher ist der Spargel.

Wilder Spargel in leichter Sauce

Als Junge sah ich meiner Mutter immer gerne beim Kochen zu. Und ich erinnere mich noch sehr gut, wie oft sie mir versicherte: »Siehst du, jetzt nehmen wir Sahne und keine Butter, denn das ist leichter!« Ihre Vorstellung von der leichten, bekömmlichen Küche wird so manch einem Jünger der fettfreien Ernährung heute nur ein mitleidiges Lächeln abringen. Trotzdem liebe ich diese Küche. Von meiner Mutter stammt auch die folgende leichte Mayonnaise, die nicht mit Crème fraîche, sondern mit Olivenöl gemacht wird. Sie schmeckt vorzüglich zu Spargel aller Art.

ZUBEREITUNG: Wilden Spargel – oder Zuchtspargel – in gesalzenem Wasser zirka 10 Minuten kochen, das Wasser abgießen und die Spargelstangen auf einem Servierteller anordnen. 1 Ei aufschlagen, das Eigelb in eine Schale geben und das Eiweiß in ein Gefäß zum Aufschlagen. 1 Teelöffel scharfen Dijon-Senf zum Eigelb geben und, während man mit dem Schneebesen schlägt, nach und nach Olivenöl einfließen lassen, sodass eine geschmeidige Mayonnaise entsteht. Wichtig ist nur, dass das Ei, der Senf und das Öl dieselbe Temperatur haben. Das Eiweiß steif schlagen und vorsichtig unter die Mayonnaise heben. Den Saft 1 Zitrone hinzufügen, mit Salz abschmecken und getrennt zum Spargel reichen.

Zu dieser cremigen, duftigen Sauce passt mit seinem typisch nussartigen Aroma ein Vin Jaune aus dem Jura. Beim Servieren aus einer Karaffe sollte er nicht wärmer als 14 bis 15 Grad Celsius sein. Empfehlenswert ist auch ein weißer Arbois aus der Savanientraube oder einfach ein weißer Côtes-du-Rhône wie der Saint-Joseph.

Lasagne mit Wildem Spargel

Etwa 10 Minuten 500 Gramm Wilden Spargel oder kleinen Grünspargel in kochendem Salzwasser blanchieren. Dann das Wasser abgießen und den Spargel abtropfen lassen. Mithilfe einer Gabel die harten unteren Enden entfernen und wegwerfen. Für die Béchamelsauce 75 Gramm Butter bei niedriger Hitze in einem schweren Topf zum Schmelzen bringen. 3 Esslöffel Mehl dazugeben und gut in die Butter einrühren. Dann 75 Zentiliter kalte Vollmilch auf einmal in den Topf schütten und alles mit dem Schneebesen verschlagen. Die Béchamelsauce unter ständigem Rühren mit dem Holzlöffel eindicken lassen. Den Topf von der Kochstelle nehmen. Etwas Salz und reichlich Pfeffer hinzufügen. Zum Schluss 1 großen Esslöffel Crème fraîche unterrühren.

Einen Schöpflöffel Sauce in eine feuerfeste Form geben und mit einer Schicht Lasagne bedecken. Praktischerweise gibt es heute Lasagneblätter im Handel, die bereits vorgekocht sind. Aber ich erinnere mich gut an die Zeit, in der sie vor der Weiterverarbeitung erst einmal gekocht und dann auf einem großen Küchentuch zum Trocknen ausgebreitet werden mussten. Ein Drittel der Spargelstangen auf den Lasagneblättern verteilen. Mit geriebenem Käse bestreuen – am besten ist ein holländischer Käse geeignet, beispielsweise ein alter Gouda. Dann wieder einen Löffel Béchamelsauce darüber geben und so fort, bis die Spargelstangen aufgebraucht sind. Obenauf kommt eine letzte Schicht Lasagne. Den Rest der Sauce und etwas geriebenen Käse darüber verteilen.

Die Lasagne eine gute Stunde bei mittlerer Hitze im Ofen garen. Wenn die Oberfläche goldbraun wird, die Temperatur auf 150 Grad reduzieren und das Gratin noch einen Augenblick im Ofen lassen.

Um das Rezept zu variieren, kann man den Wilden Spargel durch Wildlauch oder auch Feinschmeckererbsen ersetzen, die ich unter Dampf gare und dann mit gewürfeltem Räucherspeck und 1 bis 2 jungen Zwiebeln vermische.

Für diese gratinierte Lasagne gilt dieselbe Weinempfehlung wie für das vorangegangene Rezept. Ansonsten können Sie auch den wundervoll harmonischen, komplexen weißen Châteauneuf-du-Pape des Château de la Nerthe ausprobieren.

Wildlauch

Wildlauch, den man in der Provence auch Weinberg-Lauch oder Olivenhain-Lauch nennt, sprießt im Frühjahr allerorten, und auf regelmäßig kultivierten Böden fühlt er sich besonders wohl. Er gehört zur Familie der Knoblauchgewächse und vermehrt sich über die kleinen Samenkapseln an seiner Wurzelknolle. Seine dünnen Stangen ähneln dem Kulturlauch. Wildlauch wirkt harntreibend, leicht abführend und wird bei Übergewicht empfohlen. Er wird gekocht und vorzugsweise mit einer Vinaigrette als Vorspeise gereicht, lässt sich aber ebenso wie der Porree aus dem Garten nach den unterschiedlichsten Methoden zubereiten.

Wildlauchkonfitüre

Für dieses Rezept benötigen Sie etwa 20 Stangen Wildlauch. Die äußere Hülle jeweils entfernen und jede Stange gut waschen. 500 Gramm junge weiße Zwiebeln schälen. Zwiebeln und Lauch grob hacken. In eine Pfanne mit etwas Olivenöl geben, 100 Gramm helle Rosinen hinzufügen und bei schwacher Hitze goldgelb dünsten, nicht braun werden lassen, das gibt der Konfitüre einen bitteren Geschmack.

Wenn alles eine schöne goldgelbe Farbe angenommen hat, das Ganze mit

1 Flasche gutem trockenem Weißwein ablöschen und die Flüssigkeit bei offener Pfanne fast völlig einkochen lassen. Vor dem Servieren abkühlen lassen.

Diese Konfitüre schmeckt köstlich zu kaltem Fleisch. Eventuell lässt sich das Rezept auch ganz ohne Wildlauch, nur mit Zwiebeln realisieren.

Kalbsragout mit Wildlauch

Vom Metzger 800 Gramm sehr helles Kalbfleisch (Bruststück, Oberrippe und Schulter) in grobe Würfel schneiden lassen. Das Fleisch in einen großen Kochtopf legen, mit kaltem Wasser bedecken und zum Kochen bringen. Von der Kochstelle nehmen, das Wasser abgießen und das Fleisch abtropfen lassen. Jetzt eine klare Brühe zubereiten: Im Schmortopf 3 Liter Wasser mit Salz und Pfeffer, 1 ganzen, geputzten Mohrrübe, 1 Zwiebel, mit 3 Gewürznelken gespickt, sowie 1 Kräutersträußchen (Petersilie, 1 Thymianzweig und 1 oder 2 Lorbeerblätter) zum Kochen bringen. Dann das überbrühte Fleisch dazugeben und 60 Minuten bei sanfter Hitze garen. Währenddessen 1 Kilogramm Wildlauch, oder, als Ersatz, 1 Kilogramm Kulturporree. Die äußere Hülle des Lauchs entfernen und die unzerkleinerten Stangen mit Küchengarn zusammenbinden. Den gebündelten Lauch zum Fleisch in den Schmortopf geben, und von dem Zeitpunkt an, wo die Flüssigkeit wieder kocht, noch etwa 60 Minuten fertig garen lassen.

Für die helle Sauce: In einen Schmortopf mit schwerem Boden 60 Gramm Butter und 30 Gramm Mehl geben, mit dem Schneebesen vermengen, dann 5 Schöpflöffel Fleischbrühe durch kräftiges Schlagen darunter mischen, damit sich keine Klumpen bilden können. In einer Schüssel 2 Eigelb mit 1 Tasse Crème fraîche verrühren, dann 2 Esslöffel von der Sauce hinzufügen und alles gut mischen, das Ganze in den Topf gießen und 1 Minute ständig rühren. Den Topf von der Kochstelle nehmen. Mit Salz und Pfeffer abschmecken. Mit dem Saft von ½ Zitrone und 1 Messerspitze gemahlener Muskatnuss würzen.

Das Fleisch und die Lauchstangen auf einer Servierplatte anrichten, mit etwas Sauce nappieren. Den Rest der köstlichen Sauce getrennt dazu reichen.

Dieses Ragout harmoniert geschmacklich hervorragend mit einem weißen Côtes-du-Rhône. Besonders empfehlenswert ist der vollmundige weiße Crozes-Hermitage mit Honigcharakter, der von der Domaine Entrefaux kommt.

Gratinierter Wildlauch mit gekochtem Schinken

Etwa 1 Kilogramm Wildlauch oder jungen Porree putzen und waschen, 15 Minuten in kochendem Wasser mit etwas Salz garen, das Wasser abgießen und das Gemüse abtropfen lassen. Lassen Sie sich von Ihrem Metzger etwa 10 hauchdünne Scheiben von einem guten gekochten Schinken herunterschneiden. Je 5 bis 6 Lauchstangen mit einer Scheibe Schinken umwickeln und auf den Boden einer leicht gebutterten feuerfesten Form anordnen. 1 Tasse Crème fraîche in eine Schüssel geben und 200 Gramm geriebenen Käse darunter mischen. Jede Schinkenrolle mit 1 Esslöffel Sahne-Käse-Mischung garnieren. Dann ein paar Umdrehungen aus der Pfeffermühle darüber und 15 Minuten im heißen Ofen überbacken.

Auch zu diesem Gericht ist ein weißer Côtes-du-Rhône perfekt. Aber auch ein würziger, frischer, voller Rosé ist empfehlenswert, so zum Beispiel der Tavel von der Domaine de la Mordorée.

menthe
10F le pot
persil
10F
coriandre
10F le pot
Citronelle
10F le pot
Sauge
10F le pot

Kräutergärten Gartenkräuter

Ein Kräutergarten hat Platz auf engstem Raum. Er braucht nur zehn Quadratmeter in einer sonnigen, geschützten Gartenecke, ja selbst ein Balkon genügt für die Anlage eines solchen Fleckchens. Und ob der Garten dann wie ein uriger Hexendschungel oder wie eine parkartige Miniaturlandschaft aussieht, richtet sich nach den Gegebenheiten und dem eigenen gärtnerischen Talent. Denkbar ist auch ein Garten im französischen Stil, wo Thymiansträucher säuberlich voneinander abgegrenzte Rabatten mit Petersilie und Pfefferminze, Rucola und Zitronenmelisse umrahmen, und jede Ecke von einem Topf mit üppig wucherndem Basilikum gekrönt wird. Ausladende Anis- und Fenchelsträucher an den Seiten sorgen für eine effektvolle Perspektive und eine Hecke aus alternierenden Salbei- und Rosmarinsträuchern rundet das Ganze ab. Auch ein kleiner Pfarrgarten kann sehr reizvoll sein mit seinen im Schachbrettmuster angelegten Beeten zu beiden Seiten einer winzigen Allee, die wiederum aus winzigen grauen Trittsteinen besteht. Zur Identifizierung der Kräuter wird neben jede Pflanze ein Täfelchen mit dem entsprechenden botanischen Namen in den Boden gesteckt, und aus dem Dunkel im hinteren Teil des Gärtleins leuchtet eine Bordüre mit Kapuzinerkresse – deren Blüten bekanntlich einen köstlichen und farbenfrohen Salat abgeben, der in jedes Menü eine besondere Note bringt.

Wie auch immer er gestaltet ist – jeder Kräutergarten vereint die unterschiedlichsten Kräuter, egal ob Kulturpflanzen oder Wildkräuter, und zarte frei lebende Feld- und Wiesengemüse fühlen sich dort ebenso wohl wie die würzigen Bergkräuter. All diese Pflanzen lassen sich leicht ziehen und Samen oder Jungpflanzen sind im Gartencenter erhältlich.

BASILIKUM

Ein großer Teil dessen, was die kulturelle Identität der modernen Provence ausmacht, ist indischen Ursprungs – von den leichten »indiennes«, wie man die mit exotischen Blumen bedruckten Kattunstoffe nennt, bis hin zum Indigostrauch, der den blauen Farbstoff für die Denimstoffe lieferte und damit zum Welterfolg der amerikanischen Levi's-Jeans beitrug. Zwischen allerlei Stoffballen von Baumwolle, Seide oder Segeltuch, exotischen Gewürzen und sonstigen Schätzen kam dann eines Tages auch eine Pflanze aus Indien, die zum Sinnbild der provenzalischen Küche wurde: Basilikum, in Indien als heiliges Kraut verehrt, ist Vischnu geweiht. Er duldet es nicht, dass dieser Pflanze irgendetwas zustößt, und wer sie zerstört, zieht den Zorn der Gottheit auf sich. Zahlreiche Legenden rankten sich um das Basilikumkraut, und auch in der Provence alter Tage wurde es nach einem festen, religiösen Ritual geerntet. Der Kult um das Kraut umfasste eine rituelle Reinigung. Man nahm einen Eichenzweig, tauchte ihn in das Wasser dreier geweihter Quellen ein und benetzte damit die rechte Hand, mit der die Pflanze gepflückt wurde. Die Kleidung musste ohne Tadel sein und überhaupt hatte man sich während der Basilikumernte vor Verunreinigungen jedweder Art zu hüten.

Heute gibt es Basilikum in vielen Variationen. Am bekanntesten ist ein grünes Basilikum, von den Provenzalen »le marseillais« genannt, das sich in schmucken und kompakten Büscheln in Töpfen ziehen lässt. Die Blätter des Basilikums haben unterschiedliche Formen und Farben, sind gekraust oder glatt, purpurfarben oder grün, klein oder groß. Verwenden Sie Basilikum nur frisch. Durch das Trocknen verliert das Kraut sein charakteristisches Aroma; in Öl eingelegt, verändert es seinen Geschmack.

Püree mit Basilikum

Ein Kilogramm ältere, vorwiegend fest kochende Kartoffeln schälen und ungefähr 20 Minuten in sprudelndem Salzwasser weich garen. In der Zwischenzeit je 1 dicken Bund glatte Petersilie und Basilikum waschen und zum Trocknen in ein Küchentuch einhüllen. Danach die Blättchen abzupfen und die harten Stängel wegwerfen. Die Kräuter im Mixer zerhacken.

Je 2 Zentiliter Milch und Olivenöl in einen Topf gießen und langsam erwärmen. Nach erfolgter Garkontrolle der Kartoffeln das Wasser abgießen, die Kartoffeln abtropfen lassen und unter Zuhilfenahme einer Kartoffelpresse oder eines Stampfers fein pürieren. Die Milch und das Öl löffelweise unter den Brei rühren, dann die Kräuter sehr sorgfältig darunter mischen. Eventuell noch Salz und Pfeffer aus der Mühle dazugeben und damit abschmecken.

Dieses Püree muss sofort serviert werden und schmeckt köstlich zu Fisch.

Kartoffel-Lauch-Suppe mit Pistou

Die traditionelle Pistou-Suppe gehört zweifelsfrei zu den Höhepunkten der provenzalischen Küche. Sie besteht aus allerlei Gemüse wie Zwiebeln, Zucchini, Kartoffeln, grunen, weißen und Stangenbohnen. Auch Tomaten dürfen nicht fehlen und eventuell kommen noch Pinienkerne hinein, zu Nudeln, Mohrrüben und Räucherspeck. Es gibt unzählige Rezepte und fast jedes davon ist ausgesprochen köstlich.

Dieses hier stammt aus Nizza; es ist uralt und stellt eine leichtere, einfachere, aber doch authentische Variante der Suppe dar. Pistou kommt von »pistus«, was im Lateinischen »zerstampft« bedeutet. Ebenso wie bei dem traditionellen, auf der Basis von Bohnen zubereiteten Gericht werden bei dieser Suppe 1 Bund Basilikum, 3 Knoblauchzehen provenzalischer Provenienz mit 1 Tasse Olivenöl aus Nizza in einem Steinmörser zerstoßen (der Stößel ist vorzugsweise aus Oliven- oder Buchsbaumholz).

Der Unterschied zu dem herkömmlichen Rezept besteht in den Zutaten. Denn diese Suppe wird nur aus Lauch und Kartoffeln gemacht. Eventuell kommen noch 1 bis 2 weiße Zwiebeln hinzu. Einen Suppentopf mit 2 Liter Wasser füllen, Salz und Pfeffer hineinstreuen und 500 Gramm gewaschene, geschälte und in kleine Würfel geschnittene Kartoffeln, 500 Gramm in Ringe geschnittenen Lauch (nur das Weiße) sowie nach Bedarf 2 Zwiebeln hineingeben und garen. Dann den Topf von der Kochstelle nehmen und sogleich das mit Knoblauch pürierte Basilikum einrühren. Noch einmal abschmecken. Zu dieser köstlichen Suppe reicht man separat reichlich grob geriebenen Parmesankäse, der dann in der heißen Flüssigkeit schmilzt. Zu dieser würzig-schmackhaften Suppe bildet der üppig-weiche, nach Trüffeln und Veilchen duftende Rotwein (älteren Jahrgangs) der Domaine de la Bernarde einen besonderen Akzent.

Falls etwas übrig bleibt: Am nächsten Tag 2 Esslöffel Crème fraîche oder Joghurt in die Suppe geben, alles gut verrühren und das Ganze für ein bis zwei Stunden kühl stellen. Mit Basilikum-Blättchen dekorieren und eisgekühlt als Vorspeise servieren. Parmesan ist bei dieser kalten Variante nicht notwendig.

Gegrillter Thunfisch auf rotem Kräuterreis mit grüner Sauce

Ich liebe dieses Gericht und im Grunde genommen sind es drei eigenständige Speisen in einem. Der Kräuterreis wird 1 Stunde im Voraus zubereitet, und zwar vorzugsweise mit dem roten, ungeschälten Wildreis aus der Camargue, der obendrein wertvolle Nährstoffe besitzt. Nur die Gardauer ist etwas länger als bei weißem ungeschältem Reis: 3 Liter Wasser mit Salz und Pfeffer in einem großen Topf zum Kochen bringen. 1 Knoblauchzehe, 2 Lorbeerblätter und 1 kleinen Thymianzweig hinzufügen. Dann 500 Gramm in klarem Wasser gewaschenen Wildreis direkt aus dem Abtropfsieb in den Topf schütten. 45 Minuten garen lassen. Den Topf von der Kochstelle nehmen, mit dem Deckel verschließen und noch mindestens 30 Minuten quellen lassen. Den Knoblauch und die Kräuter vor dem Servieren herausnehmen und den Reis zum Abtropfen in ein Sieb geben. In einer Schüssel anrichten und mit Olivenöl beträufeln.

Für die grüne Sauce: In einem Steinmörser mit dem Holzstößel 1 Prise grobes Salz, 1 Knoblauchzehe, 1 Hand voll Basilikum und 1 große Hand voll glatte Petersilie zerstoßen. Alles glatt rühren und mit 1 Eigelb vermischen. Anschließend die Sauce mit dem Schneebesen zur Mayonnaise aufschlagen, wobei das Olivenöl in kleinen Portionen zugegossen wird.

Für den Thunfisch: Lassen Sie sich vom Fischhändler eine große, 6 bis 7 Zentimeter dicke Scheibe aus dem Fisch herausschneiden. Die Haut und die Gräten entfernen und das Filet in so viele dicke Stücke schneiden, wie Sie benötigen. Falls Sie den Fisch über der Glut garen, wird jede Scheibe mit grobem Salz eingerieben und dann von beiden Seiten jeweils 4 Minuten gegrillt. Sie können aber auch eine Bratpfanne erhitzen, eine Schicht grobes Salz hineinstreuen, die Fischscheiben darauf legen und 4 Minuten von jeder Seite garen. Die Oberfläche muss knusprig braun, wie karamellisiert aussehen. Die Ränder sind gleichmäßig weiß und das Innere noch leicht rötlich. Sie werden begeistert sein!

Den Fisch heiß servieren und Wildreis sowie grüne Sauce dazu reichen.

Petersilie

Es gibt glatte und krause Petersilie, wobei ich der glatten Sorte in all meinen Rezepten den Vorzug gebe, einfach, weil sie viel aromatischer ist. Bei krauser Petersilie muss ich immer an das Stückchen Hotelbutter denken, das, in Goldfolie verpackt, im Kühlschrank vor sich hin kümmerte, bevor es dann eines Tages zusammen mit einigen schwarzen Oliven die »stilvolle« Edelstahlplatte mit dem kalten Aufschnitt garnieren darf.

In der freien Natur wächst ein hochgiftiger Doldenblütler, Hundspetersilie oder Schierling genannt, der unserer gemeinen Petersilie zum Verwechseln ähnlich sieht. Allerdings hält sich das Risiko in Grenzen, weil Petersilie heutzutage überall im Handel feilgeboten wird. Petersilie stärkt den ganzen Organismus, sie wirkt gegen Anämie, ist harntreibend, fiebersenkend, fördert den weiblichen Monatszyklus und hilft vorzüglich bei Bienen- und Wespenstichen: Zu diesem Zweck wird ein Blättchen Petersilie zwischen den Fingern zerrieben und der austretende Saft auf die Stichwunde gestrichen. Im Übrigen ranken sich, in der Provence wie überall in Europa, die seltsamsten Legenden um die Petersilie.

Doch heute wird Petersilie weltweit vor allem als vorzügliches Küchenkraut geschätzt. Grüne Bohnen oder auch nur einen einfachen Tomatensalat ohne eine Streu frisch gehackter Petersilie? – Allein der Gedanke wäre meiner Mutter nie gekommen!

Grüne Bohnen nach Art meiner Mutter

Voilà ein einfaches und unkompliziertes Familienrezept, wie man es sonst nicht in Kochbüchern findet.

ZUBEREITUNG: Sie brauchen 1 Kilogramm knackige grüne Bohnen, möglichst frisch gepflückte. Die Spitzen abknipsen, eventuell vorhandene Fäden entfernen. Waschen und abtropfen lassen. In einen Suppentopf 3 Liter Wasser hineingeben und zum Kochen bringen.

In das Wasser 1 Hand voll grobes Salz und 3 bis 4 große Zwiebeln, von denen Sie die Schale entfernt und die Sie nicht zu fein geschnitten haben, hineingeben. Die Zwiebeln 15 Minuten garen lassen, dann die grünen Bohnen dazugeben. Damit das Rezept gelingt, müssen die

Zwiebeln regelrecht auf der Zunge zergehen, während die grünen Bohnen noch bissfest, al dente sind. Die Bohnen zirka 10 Minuten mitgaren, je nach ihrer Größe. Wenn sie gar, aber noch fest sind, den Topfinhalt auf einen Durchschlag schütten und wirklich gut abtropfen lassen.

Die grünen Bohnen mit den Zwiebeln auf einer Platte anrichten. Nach Belieben mit Butterflöckchen bestreuen oder mit Olivenöl beträufeln, wobei das eine so köstlich wie das andere ist. Zum Schluss den Saft ½ Zitrone und 1 Hand voll glatte, fein geschnittene Petersilie dazugeben.

Anchovisfilets »Terre Salée«

Terre Salée ist ein reizvoller Weiler in der Nähe von Saintes-Maries-de-la-Mer in der Camargue: ein weiß gekalktes kleines Haus mit blauen Fensterläden an einem See, der sich im Schilf versteckt, am Pfosten ein fest vertäutes Boot und darüber das unablässige Kreisen der Silberreiher. Dort ist es, wo uns Mireille an lauen, unendlich langen Sommerabenden mit einem wahrhaft himmlischen Mahl erfreut: Silbrig schimmernde Anchovisfilets unter einer dicken Schicht frischer grüner Petersilie.

ZUBEREITUNG: Gesalzene rohe Anchovisfilets sind weicher und würziger als Anchovis in Öl. Nur die Vorbereitung ist etwas aufwändiger: Anchovis säubern, den Schwanz, die Flossen und die Gräten entfernen und die Filets unter klarem Wasser abspülen. Zum Abtropfen auf Küchenkrepp legen. Wer aus Zeitmangel oder Bequemlichkeit doch lieber Anchovis in Öl verwendet, sollte sie zunächst in kaltes Wasser legen, dem etwas Essig zugesetzt wird, um sie geschmeidiger zu machen.

Für 500 Gramm Anchovisfilets braucht man 3 oder 4 Bund frische, glatte Petersilie, 2 unbehandelte Zitronen und 2 Deziliter Olivenöl, zum Beispiel aus der Vallée des Baux. Und das ist beileibe nicht zu viel, denn nach diesem Rezept zubereitete Anchovis sind eine Delikatesse, die mit keiner Fischvorspeise zu vergleichen sind. Mit Pastis oder einem Glas trockenem Weißwein und ein bis zwei

ofenfrischen, knusprigen und noch warmen Baguettes machen sie jedes weitere Vorspeisenangebot überflüssig.

Die Anchovisfilets in eine flache Schüssel legen. Die 2 Zitronen ungeschält in feine Scheiben schneiden, die Kerne entfernen und die Zitronenscheiben klein schnitzeln. Über die Anchovisfilets geben. Die Petersilie sorgfältig zupfen und nur die Blätter fein hacken. Die gehackte Petersilie über den Fisch streuen. In einer Schüssel Olivenöl mit 2 gehackten Knoblauchzehen, 1 Messerspitze Cayennepfeffer, 1 Teelöffel mildem Paprikapulver, 1 Teelöffel Kümmelpulver und frisch gemahlenem Pfeffer (mehrere Umdrehungen) verrühren. Eine weitere Salzzugabe ist wegen der Anchovisfilets nicht mehr vonnöten. Diese Sauce über die Filets gießen. Die Schüssel mit Frischhaltefolie abdecken und mindestens 3 Stunden marinieren lassen.

Dieses Gericht schmeckt zum Aperitif mit einem Glas Pastis von Bardouin oder auch mit einem trockenen Weißwein, der so vollmundig, fett und gut strukturiert ist wie der Bellet des Château de Crémat. Und vergessen Sie nicht die beiden ofenfrischen, warmen Baguettes!

Tabouleh nach Art von Madame Zaza

In Syrien habe ich einmal ein köstliches Tabouleh gegessen, in dem reichlich Petersilie und so wenig Getreide steckten, dass es eher an einen grünen Petersiliensalat erinnerte, garniert mit Zitronenstückchen und roten Tomatenschnitzen. Darin verlor sich ein wenig Bulgur oder Couscous. Dieses Tabouleh passt gut zu orientalischen »mezzes« wie Kichererbsenpüree mit Sesam, Auberginenpüree oder gefüllte Weinblätter. Noch besser gefällt mir jedoch das Rezept mit Petersilie und Zitronen, wie es Madame Zaza im Sommer zuzubereiten pflegt. Ihr Tabouleh ist ebenso frisch und grün, enthält aber mehr Getreide, das einzig durch das Aufquellen im Zitronensaft weich wird.

ZUBEREITUNG: Dieses Tabouleh wird einen Tag im Voraus zubereitet. Mithilfe eines Sparschälers oder eines scharfen Küchenmessers 4 unbehandelte Zitronen schälen, ohne dass die weiße Unterhaut, die unangenehm bitter schmeckt, mitgeschält wird. Die durchscheinenden Zitronenschalen in hauchdünne Streifen schneiden. In eine große Schüssel aus Steingut oder Porzellan 500 Gramm mittelfeinen Couscous (Hartweizengrieß) geben und mit dem

Die Anchovis aus Terre Salée.

Saft von etwa 10 Zitronen begießen. Die Zitronenschalen ebenfalls in die Schüssel geben und alles gut vermischen. Die Schüssel mit einem Küchentuch abdecken und über Nacht zum Quellen stehen lassen.

Am nächsten Tag den Grieß zwischen den Fingern auflockern. Danach mehrere Bund glatte Petersilie fein hacken. Das Tabouleh muss ganz grün aussehen. Die gehackte Petersilie zum Couscous geben, 1 Tasse Olivenöl darüber gießen und alles gut durchheben. Mit Salz und Pfeffer abschmecken, eventuell nachwürzen.

Vor dem Servieren das Tabouleh 1 bis 2 Stunden kühl stellen. Dazu empfehle ich

einen Rosé, zum Beispiel den harmonischen, angenehm fruchtigen Bandol des Château Romassan (Domaines Ott).

Frittierte Petersilie

Auch hier ist die geschmacksintensivere glatte Petersilie besser geeignet als die krause Sorte. Von 1 Bund Petersilie die Blätter direkt unter dem Ansatz abschneiden; die Stiele dürfen höchstens 1 Zentimeter lang sein. Das Ausbacköl auf 190 Grad Celsius erhitzen und die Petersilienblätter hineinlegen – Vorsicht vor den Ölspritzern! 4 Minuten lang ausbacken lassen, bis die Petersilie schön knusprig ist. Aus dem Öl nehmen und sorgfältig auf Küchenkrepp abtropfen lassen, bis das gesamte Öl abgelaufen ist. Mit feinem Speisesalz bestreuen. Solche Petersilienfritten passen hervorragend als Beilage zu frischen Zucchinibeignets oder gegrilltem Fisch.

Koriander

Koriander, auch »chinesische Petersilie« genannt, ist seit Urzeiten in den Küchen Chinas und Indiens verbreitet, und auch die Ägypter, die Hebräer, die Griechen und die alten Römer hatten eine große Affinität zu diesem Kraut, das der Petersilie so ähnlich sieht. Verwendet werden sowohl das Grün als auch die getrockneten Früchte, die wie kleine Körner aussehen. Koriander stärkt den Organismus, fördert die Verdauung und hilft bei Blähungen. Außerdem scheint die Pflanze euphorisierend zu wirken. Im Altertum wurde Koriander dem Wein zugesetzt, um ihn berauschender zu machen.

Trotzdem ist Koriander nicht jedermanns Sache. Böse Zungen behaupten, dass er nach Wanzen schmeckt. In der französischen Küche findet er selten Verwendung und in der traditionellen Küche der Provence gar nicht. Da er aber in anderen mediterranen Ländern, wie zum Beispiel in Marokko, allgegenwärtig ist, findet man ihn heutzutage fast rund ums Jahr auf den Märkten, auch in der Provence. Mir gefällt seine »exotische« Seite und ich verwende ihn wie Kerbel in Gemüsesuppen und als i-Tüpfelchen auf sommerlichen Salaten.

Fischsalat von Meerbarben mit Pfirsich

Am 8. Juli 1983 müssen die Sterne in Sachen Kreativität ausgesprochen günstig gestanden haben. Jedenfalls ist das Datum in meinem Küchenbuch vermerkt, denn damals erfand ich ein Rezept, das seither Jahr für Jahr im Sommer großen Anklang bei meinen Gästen findet.

ZUBEREITUNG: Den Saft von 7 Zitronen in eine große Schüssel gießen. Mehrere große Meerbarbenfilets in dünne Rauten von 3 Zentimeter Länge schneiden. Man rechnet 150 Gramm pro Person. Die Fischstückchen in den Zitronensaft legen. Mit Frischhaltefolie sorgfältig abdecken und mindestens 2 Stunden im Kühlschrank marinieren lassen.

Die Haut von 2 bis 3 großen weißen Pfirsichen vorsichtig abschälen. Die Früchte sollen reif sein, aber nicht überreif. Die Juliernte ist perfekt. Jede Frucht in 4 Teile schneiden. Dann 4 bis 5 Frühlingszwiebeln in feine Ringe schneiden, aber zuvor sorgfältig die Außenhülle entfernen. Die Blätter von 1 kleinen Hand voll Koriandergrün abzupfen und auch einige Blätter Minze hinzufügen. Die Stängel können in den Abfall geworfen werden.

Den Fisch aus der Marinade nehmen, abtropfen lassen und in eine große Salatschüssel legen. Die Pfirsichstückchen hineinlegen, die Kräuter darüber streuen. Mit etwas Salz und reichlich Pfeffer abschmecken und noch einen guten Schuss Olivenöl darüber geben.

Diese köstlich erfrischende und raffinierte Vorspeise mundet vor allem in lauen Sommernächten. Meine Weinempfehlung ist ein harmonischer weißer Porquerolles der Domaine de la Courtade.

Korianderbutter

Diese Korianderbutter lässt sich wie Senf oder Ketchup verwenden. Im Sommer reicht man sie zu Grilladen und Gemüse wie Auberginen oder Zucchini. Die Zubereitung erfolgt nach derselben Methode wie bei einer Butter nach Hofmeisterart, nur dass hier weit weniger Butter, aber dafür umso mehr Kräuter nötig sind.

ZUBEREITUNG: Von 1 großen Hand voll Koriandergrün die Blätter abzupfen, die Stängel in den Abfall werfen. 2 Knob-

lauchzehen abschälen und die Keime herauslösen. Koriander und Knoblauch mit 50 Gramm Butter sowie etwas Salz und Pfeffer in einen Steinmörser (oder in den Mixer) geben und pürieren. Das Endprodukt ist eine dunkelgrüne geschmeidige Paste, die durch die Butter gebunden wird. Die Korianderbutter in eine Schale füllen, mit Frischhaltefolie abdecken und bis zum Servieren kühl stellen.

Toskanischer Brotsalat

Für diesen bäuerlich-rustikalen, aber exquisiten Salat benötigen Sie etwa 10 Scheiben altbackenes, gesäuertes Weizenbrot, halb aus vollem, halb aus hellem Korn. Das Brot in eine große Schüssel geben, zerkrümeln und zum Einweichen mit kaltem Wasser bedecken. Wenn sich das Brot mit Flüssigkeit vollgesogen hat, gut mit den Händen auspressen. Das Einweichwasser wegschütten. Das Brot in eine Salatschüssel geben. Dann 1 Hand voll Koriandergrün, ein paar Blatt Petersilie und Minze, 1 reife, gewürfelte Tomate, 1 kleine weiße Zwiebel in feinen Ringen, 1 klein geschnittenes hartes Ei, Salz und frisch gemahlenen Pfeffer dazugeben. Alles locker vermischen und 2 Stunden lang kühl stellen.

Für die Vinaigrette: 1 reife, geschälte Tomate mit einer Gabel zerdrücken. Mit 1 Esslöffel Weinessig, Salz, Pfeffer und 10 Zentiliter gutem fruchtigem Olivenöl mischen. Vor dem Servieren die Vinaigrette in die Mitte auf den Salat gießen, mit schwarzen Oliven und Korianderblättchen dekorieren und am Tisch gut durchheben.

Da sich die Säure der Salatsauce nicht mit Wein verträgt, empfiehlt es sich, vor jedem Schluck Wein ein Stückchen Brot zu essen. Am besten passt ein fruchtiger Rosé, wie es der Tavel der Domaine de la Mordorée ist.

Thunfisch in Kräuterwickeln

Von einer 5 bis 6 Zentimeter dicken Scheibe Thunfisch die Haut und die große Gräte entfernen und 4 bis 6 Stücke aus dem Filet herausschneiden. Jedes Stück ringsherum salzen und pfeffern. Von 1 Hand voll Koriandergrün die Blätter abzupfen, die Stängel in den Abfall werfen. 2 große Kopfsalate zerteilen, die Blätter jedoch ganz lassen, gut abwaschen und trocknen. Jedes Stück Thunfisch auf allen Seiten mit Korianderblättchen bedecken, in einige Salatblätter einwickeln und dann auf den Dampfeinsatz eines Couscoussier oder Dampfkochtopfs legen. Mit 2 Liter Wasser zum Kochen bringen und die Wickel 20 Minuten im aufsteigenden Dampf garen lassen.

Ich persönlich mag Thunfisch am liebsten, wenn er in der Mitte noch etwas rötlich ist. Die Fischwickel werden sehr heiß serviert und zuvor mit Zitronensaft und etwas Olivenöl beträufelt. Dazu schmeckt ein Pilawreis ganz ausgezeichnet.

Die Weinempfehlung ist hier ein vollmundiger Saint-Péray aus dem Anbaugebiet Ardèche. Probieren Sie die Weine von Bernard Gripa oder auch von Alain Voge, deren Aroma perfekt zu diesem feinaromatischen Kräuterfisch passt.

Minze

Die Minze ist zweifelsfrei die berühmteste und am weitesten verbreitete unter den Kräutern. Man kennt sie in Form von Pfefferminzbonbons, Pfefferminzsirup, Pfefferminztee und Menthol in der Zahncreme. Im Bergland wächst praktisch überall wilde Minze und verströmt ihren feinen aromatischen Duft, sobald man sie nur flüchtig im Vorübergehen streift. Aber die meisten Leute beachten sie heutzutage nicht mehr. Minze gibt es in verschiedenen Spielarten: Rossminze, Krause Minze, Wasserminze, Poleiminze, Rundblättrige Minze und Ackerminze. Jahrhundertelang wurde Minze wegen ihrer erfrischenden, stimulierenden und krampflösenden Wirkstoffe gesammelt, bis sie sich dann irgendwann wieder in die Wildnis der Garrigue zurückzog.

Besser bekannt sind die kultivierten Arten der Minze. Pfefferminze dient der Herstellung von Menthol. Aber in der Küche interessiert uns besonders die Grüne Minze. Auf ausreichend tiefen, fruchtbaren und kühlen Böden lässt sie sich problemlos ziehen. Sie vermehrt sich über die Wurzeln und wenn man sie nicht zügelt, wuchert sie rasch. Man braucht nur zwei bis drei Pflänzchen Grüne Minze im Frühjahr oder im Herbst auszupflanzen und ab und an zu gießen, dann vermehrt sie sich rasch und wird Jahr für Jahr üppiger.

Türkische Pasta nach Art von John Malkovich

Kennt man John Malkovich nur als den gemeinen und brutalen Charakter, den er so oft mit großem Talent auf der Leinwand verkörpert, ist nur schwer vorstellbar, dass er sich im wirklichen Leben als großherziger und sensibler Freund, herzlicher Gastgeber und vorzüglicher Koch erweist. Unser Nachbar bewirtet uns mit einer vielfältigen, kosmopolitischen Küche, die ihre Impulse aus dem Orient bezieht, der die Provenzalen ja schon immer fasziniert hat und in schönster Weise mit den Farben und Aromen der Provence harmoniert. In der türkischen Pasta des berühmten Schauspielers sind Knoblauch, Olivenöl und Lammfleisch, Minze, Zitrone und Pinienkerne perfekt miteinander vereint.

ZUBEREITUNG: Zunächst 2 große unbehandelte Zitronen waschen, die Schale abschälen und in lange dünne Streifen schneiden. In einer Salatschüssel ½ Liter Joghurt oder Dickmilch mit 4 Esslöffeln eines fruchtigen Olivenöls von guter Qualität, der Zitronenschale, dem Saft von 2 Zitronen, 2 fein gehackten Knoblauchzehen, frisch gemahlenem Pfeffer (mehrere Umdrehungen) und etwas Salz verrühren.

Lassen Sie sich vom Fleischer eine Lammschulter auslösen und in ungefähr 10 Stücke schneiden. Etwas Olivenöl in den Schmortopf geben und das Fleisch darin bei starker Hitze anbräunen. Mit ½ Tasse Wasser ablöschen, salzen und pfeffern. Den Topf schließen und alles bei reduzierter Hitze etwa 20 Minuten köcheln lassen. In der Zwischenzeit einen großen Topf mit Wasser füllen, salzen und zum Kochen bringen. Dann 500 Gramm dicke Nudeln (Penne oder Hörnchen) darin al dente garen.

Währenddessen einen großen Bund Minze waschen und trocken tupfen. Die Blätter abzupfen. Dann das Lammfleisch hacken, aber nicht zu fein – es darf nicht breiig werden! Das gehackte Fleisch zum Warmhalten wieder in den Schmortopf geben.

Sobald die Nudeln gar sind, muss alles ganz schnell gehen. Rasch das Wasser abgießen und abtropfen lassen. Dann Joghurt, das gehackte Fleisch, die ganzen Minzeblätter und 100 Gramm Pinienkerne unter die Nudeln mischen. Ein letztes Mal abschmecken. Dieser köstlich aromatische Nudelsalat wird lauwarm gereicht.

Dazu mundet ein Syrah mit den Noten roter Früchte und einer schönen Präsenz. Probieren Sie die Weine der Cave de Tain-l'Hermitage oder auch einen Côtes-de-Provence der Domaine Richeaume, der mehr Komplexität besitzt.

Suppe von frischen jungen Erbsen

Hier folgt ein altes Rezept aus dem Nizzaer Umland, aus einer Zeit, als man beim Kochen praktisch alles verwertete. Diese Suppe besteht nicht nur aus den Erbsen an sich, sondern aus der ganzen Frucht mitsamt Hülsen, die gewöhnlich im Abfalleimer landen. Aber das Resultat kann sich sehen lassen.

ZUBEREITUNG: 1 Kilogramm frische Erbsen ausschoten und beiseite stellen. Die Hülsen gut abwaschen und ungefähr 2 Stunden lang in Wasser einweichen. Dann abtropfen lassen und mit 1 fein geschnittenen Zwiebel in 1 Liter kochendem Wasser etwa 20 Minuten garen. Anschließend in der Küchenmaschine zerkleinern und danach passieren, damit keine harten Bestandteile in die Suppe gelangen.

Noch 1 fein geschnittene Zwiebel in einem Schmortopf in Olivenöl andünsten und etwa 20 frische, in dünne Streifen geschnittene Minzeblätter mitgaren lassen. Häufiger umrühren, denn die Zwiebel soll durchsichtig und hellgelb, aber nicht braun werden. Die Erbsen und etwas Wasser hinzufügen und den Topf mit dem Deckel schließen. 20 Minuten langsam weitergaren lassen, oder auch etwas weniger, falls die Erbsen sehr fein sind.

Zum Abschluss die pürierten Hülsen in den Topf geben. Salzen, pfeffern und mit etwas Olivenöl aus der Flasche mischen. Die Suppe bitte sehr heiß auftragen.

Auberginen mit Minze

Zirka 1 Kilogramm kleine Auberginen waschen und abtrocknen. Jeweils den Stiel samt der grünen Kapsel entfernen und an dieser Stelle die Aubergine über Kreuz 1 Zentimeter tief einschneiden. 3 Liter Wasser mit Salz zum Kochen bringen, die Auberginen darin 15 Minuten kochen.

In der Zwischenzeit ½ Tasse Weinessig mit 3 bis 4 gehackten Knoblauchzehen, 1 großen Hand voll gehackter Minze, Salz, 1 zerbröselten roten Chilischote, 1 Esslöffel zerstoßenem Pfeffer und einigen Umdrehungen frisch gemahlenem Pfeffer in eine große Salatschüssel geben und mischen. Den Knoblauch und die Minze darin ziehen lassen, das Salz muss sich auflösen.

Die gut abgetropften Auberginen jeweils der Länge nach von der Schnittstelle her mit der Hand aufreißen. 1 Tasse Olivenöl in die Essigmarinade geben und gut vermischen. Dann eine Schicht Auberginen auf dem Boden einer flachen Schüssel anordnen, mit der Vinaigrette beträufeln und Minzeblätter darauf verteilen. Die Prozedur so oft wiederholen, bis alle Zutaten aufgebraucht sind. Der Rest der Vinaigrette kommt auf die oberste Schicht, zum Schluss noch Olivenöl darüber gießen. Die Auberginen müssen in der Flüssigkeit schwimmen. Mit Frischhaltefolie abdecken und mindestens eine, besser noch zwei Nächte lang ziehen lassen.

Als Vorspeise werden dazu große Scheiben geröstetes Landbrot gereicht. Die Auberginen schmecken auch als Beilage zu kaltem Fleisch.

Auberginenauflauf

Dieses Rezept stammt aus der Ära, als in Avignon noch die Päpste residierten.

ZUBEREITUNG: Eine vom Metzger ausgelöste Lammschulter in grobe Stücke schneiden. Das Fleisch in einen Schmortopf mit etwas Olivenöl legen und mit 3 fein gewürfelten Zwiebeln, 1 in Scheiben geschnittenen Mohrrübe, 2 gehackten Knoblauchzehen, Salz und Pfeffer anbraten. Sobald das Fleisch bräunt, 1 Tasse Brühe in den Topf geben, mit dem Deckel verschließen, die Temperatur herunterschalten und 60 Minuten lang sanft und langsam schmoren lassen. Danach den Topf von der Kochstelle nehmen und das Fleisch auskühlen lassen.

In der Zwischenzeit 1½ Kilogramm Auberginen waschen und gut trocknen. Die Stiele abschneiden und jede Aubergine mit dem Küchenmesser auf einer Seite der Länge nach einschneiden. Die Auberginen im Ganzen (wie für ein Auberginenkaviar) etwa 20 Minuten im heißen Backofen garen. Aus der Backröhre nehmen. Dann mit Hilfe eines Esslöffels die Auberginen vorsichtig aushöhlen, ohne die Haut zu beschädigen, die für später aufbewahrt wird. Das Auberginenfleisch zerdrücken, dann 3 ganze Eier, 2 Teelöffel milden Paprika, 2 Esslöffel gehackte Minzeblätter, 1 gehäufte Messerspitze Majoran sowie Salz und Pfeffer dazugeben und mischen.

Das Lammfleisch durch den Fleischwolf drehen (feiner Einsatz) und dieses Hack mit dem Auberginenpüree mischen. Eine feuerfeste Form mit reichlich Olivenöl bepinseln. Die ausgehöhlten Auberginen mit der gewölbten dunklen Seite nach unten auf den Boden legen und jede Aubergine sorgfältig mit der Fleischmischung füllen. Das Ganze 45 Minuten in der Backröhre, vorzugsweise in einem Wasserbad bei mittlerer Hitze fertig garen. Aus der Form nehmen und noch heiß mit einer leicht pikanten Tomatensauce auf vorgewärmten Tellern servieren.

Zu diesem deftigen, und nicht ganz leichten Gericht passt ein Châteauneuf-du-Pape, zum Beispiel der Vieille Vigne mit intensiver Frucht und pikanten Noten hervorragend, den Michel Tardieu und Dominique Laurent auf ihren Gütern in Lourmarin produzieren.

Pfirsich-Kaltschale von Alain, dem Coiffeur

In L'Isle-sur-la-Sorgue kennen wir nicht nur einen Alain, sondern gleich zwei. Deshalb nennen wir sie der Einfachheit halber Alain, den Feinkosthändler, und Alain, den Coiffeur. Dem Letztgenannten verdanken wir diese köstliche Pfirsichsuppe, deren Rezept nun verraten wird.

ZUBEREITUNG: Von 1 Bund Minze 20 große Blätter abzupfen, um die Speise später zu dekorieren. Der Rest wird in eine Teekanne gestopft. 15 Zuckerwürfel dazugeben und mit kochendem Wasser auffüllen. Ungefähr 10 Minuten ziehen lassen.

In der Zwischenzeit 1 Kilogramm gelbe Pfirsiche schälen, in Scheiben schneiden und in eine flache Schüssel geben. Den heißen Tee abseihen und über die Pfirsiche gießen. Alles gut abkühlen lassen und die Minzeblätter darüber verteilen.

Vor dem Servieren in den Kühlschrank stellen.

Dazu passt zum Beispiel ein gut gekühlter Muscat de Beaumes-de-Venise, ein »vin doux naturel« der Domaine de Durban mit blumigen Noten und den Nuancen eingemachter Pfirsiche.

Auberginen mit Minze (folgende Doppelseite).

ZITRONENMELISSE

Die Hausapotheke meiner Großmutter bestand aus Natron, Vichy-Pastillen und aus Melissengeist, den einst die Karmeliter erfunden hatten. Ich kann mich noch sehr gut an die Flasche erinnern, die mit einem kleinen Stöpsel aus schwarzem Bakelit verschlossen wurde. Wir holten sie aus der großen Kommode, die bei meiner Großmutter im Schlafzimmer stand, und anscheinend gab es nichts, was sich damit nicht kurieren ließ, harmlose Verletzungen ebenso wie Ohnmachten, verdorbene Mägen ebenso wie Verstopfung oder Blähungen. Sogar in die Ferien begleitete uns das Fläschchen, und sobald wir die Route Nationale verlassen hatten und in unzähligen Kehren die Schlucht von Verdon und das Bergland von Lure durchquerten, wurde es hervorgeholt, um unsere stets aufsteigende Übelkeit niederzuringen. Dieses Mittel duftete herrlich und soweit ich mich erinnere, half es auch.

Vor nicht allzu langer Zeit galt die Melisse noch als ein ganz ordinäres Kraut, das sich in der Nähe von Häusern, an Mauern und Böschungen ansiedelte und sich in Gesellschaft von Brennnesseln und anderem »Unkraut« äußerst wohl fühlte. Die winterfeste Melisse wächst buschig mit zahlreichen, paarig angeordneten, oval geformten, gezahnten und wunderschön grünen Blättern. Und sie duftet köstlich fein nach Zitrone. Leider macht sich Melisse in der Natur aufgrund der voranschreitenden Urbanisierung und der Unkrautvertilgung immer rarer. Sie liebt einen Standort, der sie vor Kälte und Feuchtigkeit schützt.

Joghurt mit Kräutern

Ich sehe ihn noch vor mir, den achteckigen Behälter aus rötlichem Bakelit, in dem meine Mutter Abend für Abend ihren köstlichen Joghurt ansetzte. Acht Töpfchen aus weißem Porzellan mit abgestumpften Kanten passten hinein, und in die Mitte kam das neunte mit dem Ferment für den nächsten Tag. Irgendwann ging der Behälter bei einem Umzug verloren, und von da an kauften wir unsere Joghurts fertig im Lebensmittelgeschäft.

Als ich dann Jahre später in den Ländern des östlichen Mittelmeerraums unterwegs war, entdeckte ich einen köstlich sahnigen Joghurt, der dort in großen irdenen Schalen serviert wurde. Allein die Größe dieser Schüsseln entsprach weit mehr meinem Appetit, als es die kleinen Porzellantöpfe aus meiner Kindheit getan hatten. Und in Syrien lernte ich dann, wie man den folgenden Joghurt macht.

ZUBEREITUNG: 125 Gramm Vollmilchpulver in 1 Liter frische Vollmilch einrühren und aufkochen lassen. Den Topf von der Kochstelle nehmen und auf 45 Grad Celsius abkühlen lassen. Nehmen Sie dafür ein Thermometer zur Hilfe. Ist diese Temperatur erreicht, 1 Tasse von der lauwarmen Milch mit 1 hochwertigen Vollmilchjoghurt aus dem Handel mischen und diese Mischung mit der restlichen Milch in eine große irdene Schüssel gießen. Einen Teller darauf legen, das Ganze in mehrere dicke Tücher einhüllen und mindestens 6 Stunden oder über Nacht stehen lassen, wenn Sie Ihren Joghurt abends ansetzen. Anschließend die Tücher entfernen und die Schüssel mit dem Joghurt bis zum Servieren kühl stellen.

Reichen Sie diesen feinen Joghurt zum Nachtisch mit flüssigem Honig oder mit einem selbst eingemachten Fruchtkompott. Oder mischen Sie ihn mit frisch gepflückten Kräutern.

Für den Kräuterjoghurt: 1 große Salatgurke waschen, schälen und wie eine Mohrrübe raspeln. Die geraspelte Gurke in ein Sieb geben und eine Weile abtropfen lassen. In der Zwischenzeit die Blätter von Petersilie, Grüner Minze, Zitronenmelisse und einige Halme Schnittlauch fein hacken. Dann von 2 Lauchzwiebeln die Hüllblätter abziehen und die Zwiebeln in sehr feine Ringe schneiden.

4 Schöpflöffel Joghurt in eine Salatschüssel geben, die geraspelten Gurken, gehackten Kräuter und klein geschnittenen Lauchzwiebeln darunter mischen. Mit Salz und Pfeffer abschmecken und gut gekühlt als Vorspeise reichen.

Seewolf mit Melissenbutter

Die Melisse mit ihrem feinen Zitronenaroma passt vorzüglich zu Fischgerichten. Wie zum Beispiel zu diesem Seewolf, der einfach in Alufolie gegart wird und mit flüssiger Melissenbutter sowie einer Pfanne mit frischem Spinat aufgetragen wird. Statt Spinat können Sie auch junge Mohnsprossen verwenden, die einige Minuten lang in kochendem Salzwasser blanchiert werden und gut abtropfen müssen, bevor sie in die Pfanne kommen. Und falls gerade keine Zitronenmelisse für die Butter zur Hand ist, schmeckt eine Basilikumbutter ebenfalls köstlich zu dem Seewolf.

ZUBEREITUNG: 1½ Kilogramm Spinat verlesen und waschen. Gut abtropfen lassen. In eine große Bratpfanne etwas Butter und Olivenöl geben und 2 fein geschnittene weiße Zwiebeln bei sanfter Hitze darin goldgelb dünsten. Wenn die Zwiebeln glasig werden, nach und nach die Spinatblätter dazugeben, und zwar immer so viel, wie gerade hineingeht, denn das Volumen verringert sich während des Garvorgangs. Der Spinat ist gar, wenn er ganz zusammengefallen ist. Zum Schluss mit Salz und Pfeffer bestreuen – fertig!

Während der Spinat in der Pfanne gart, können Sie den Seewolf von etwa 1½ Kilogramm ausnehmen, gut abwaschen und innen und außen mit Küchenkrepp trockentupfen. In den Fischbauch kommen einige Zweige frische Zitronenmelisse, dann den Fisch in ein großes Stück Alufolie einhüllen und die Ränder ringsherum gut verschließen. Maximal 20 Minuten bei 220 Grad im vorgeheizten Backofen garen.

In der Zwischenzeit 200 Gramm Butter im Wasserbad schmelzen, herausnehmen und mit etwas Salz, dem Saft ½ Zitrone und 1 Hand voll mit der Schere fein geschnittener Melissenblätter verrühren. Zum Warmhalten wieder ins Wasserbad stellen (aber nicht mehr auf die Kochstelle).

Den Fisch aus dem Ofen nehmen. Einige Minuten warten, dann die Folie öffnen. Vor dem Servieren die Kräuterzweige entfernen. Spinat und Kräuterbutter getrennt reichen.

Ein eleganter Weißwein von Allain Chevalier aus dem Château Constantin-Chevalier würde gut zum aromatischen Fisch passen, das ist ein charaktervoller, ausdrucksstarker Côtes-du-Lubéron mit dem feinen Duft weißer Früchte.

Käse-Krokant-Speise mit Zitronenmelisse

Die große Kunst des Rezepts ist die Herstellung des Krokants, der knusprig sein muss und fein wie Filigran. Damit er gelingt, folge ich stets blind den Anweisungen meines Freundes, des Meisterkonditors Pierre Hermé.

Da dieses Rezept auf sehr präzisen Angaben beruht, müssen Sie sich ein Küchenthermometer anschaffen, was sich jedoch als überaus nützlich erweisen wird, wenn Sie sich auf die Kunst der Patisserie einlassen möchten.

Für den Karamell: 150 Gramm Mandeln einige Minuten mit kochendem Wasser überbrühen, sodass sich die braune Haut mühelos abstreifen lässt. Die abgezogenen Mandeln auf ein Backblech legen und 15 Minuten im Backofen rösten, bis sie einen goldgelben bis rötlichen Farbton annehmen. Braun werden dürfen sie nicht! Anschließend alle Mandeln zwischen zwei Lagen Packpapier legen und mit dem Nudelholz ausrollen, sodass sie aufbrechen und ihren köstlichen Duft verströmen. Aber bitte aufpassen, dass die Mandeln nicht zu fein gemahlen werden. Für dieses Rezept müssen die Mandelsplitter spürbar sein.

In eine große, schwere Kasserolle 125 Gramm Butter, 150 Gramm Zucker, 50 Gramm Traubenzucker und 3 Esslöffel Milch geben. Mein Freund Pierre fügt noch 15 Gramm Kakaopulver hinzu, aber nötig ist es nicht. Diese Mischung unter ständigem behutsamem Rühren mit einem Spachtel auf 106 Grad Celsius erhitzen und dann die noch warmen Mandelsplitter in den Topf schütten. Diese Masse zwischen zwei Blatt Antihaft-Papier geben und sie dann mit dem Nudelholz so dünn wie möglich auswalzen. Anschließend wird alles zusammen auf ein Backblech gelegt und für 60 Minuten ins Tiefkühlfach gestellt. Danach das obere Papier abziehen und die Krokantmasse im Backofen bei 170 Grad Celsius weitere 18 Minuten backen. Bei diesem zweiten Backvorgang bilden sich an der Oberfläche feine Risse und Löcher, was dem Krokant das filigranartige Aussehen verleiht. Dann wird das Blech aus dem Backofen genommen, der noch warme Krokant in verschieden große Stücke gebrochen und beiseite gestellt.

Der Rest ist ein Kinderspiel: 500 Gramm »brousse de chèvre« oder »de brebis« (korsischer Frischkäse von Ziegen- oder Schafsmilch) in eine Schüssel geben. Den Saft 1 Zitrone, etwas geriebene Zitronenschale und 100 Gramm Zucker hinzufügen und das Ganze mit einer Gabel verrühren (nicht schlagen). Die Konsistenz soll

Seewolf mit Melissenbutter (folgende Doppelseite).

noch etwas körnig sein. Die Käsemasse auf einem Servierteller verteilen und mit der Gabel in Kuchenform bringen. Bis zum Servieren kühl stellen. Kurz vor dem Servieren wird der Käseblock dann mit frischen Melissenblättern (oder Minzeblättern) bestreut. Zur Dekoration die Krokantstücke in den »Kuchen« stecken.

Zu dieser fürstlichen Nachspeise mundet ein »vin doux naturel« wie der Banyuls, vorzugsweise eine Flasche aus bestem Hause, zum Beispiel ein Cellier des Templiers. Nehmen Sie einen älteren Jahrgang, momentan den 85er oder den 88er, oder einen »hors-d'âge« und erfreuen Sie sich an seinem aromatischen Bouquet von kandierten Feigen bis hin zu Kaffeebohnen sowie an seinem Geschmack, der ein wahres Feuerwerk von trüffel- und lederartigen Nuancen, Kaffee und Schokolade entfacht.

Lorbeer

Lorbeer, der unzertrennliche Begleiter von Thymian und Petersilie im klassischen »bouquet garni«, das »pot-au-feu«, Gemüsebrühe und Ragout würzt, war im Altertum dem Gott der Dichtkunst, Apoll, geweiht. In der Zeit nämlich, als die Götter des Olymps die Alte Welt regierten, hatte die schöne, keusche Nymphe Daphne unter den massiven Zudringlichkeiten des Apoll zu leiden. Um sich ihm zu entziehen, flehte sie die Götter an, sie in einen Lorbeerbaum zu verwandeln, was umgehend geschah. Apoll hingegen, der ob dieser Metamorphose untröstlich war, erklärte den immergrünen Lorbeerbaum zum Symbol seiner unerfüllten Liebe. Fortan wurden die Priesterinnen des Apoll, siegreiche Sportler und Feldherren, Dichter und Weise, Kaiser und Gelehrte mit einer Krone aus Lorbeer geehrt. Der Strauch galt als Sinnbild für Ruhm – sowohl in kriegerischer als auch in geistiger Hinsicht. Das französische »baccalauréat« (vergleichbar unserem Abitur) kommt übrigens vom lateinischen »bacca lauri«, was wiederum schlicht »Lorbeere« bedeutet.

Der Lorbeer hat übrigens einige giftige Verwandte, die in der Küche nichts verloren haben: den Oleander mit seinen lanzettförmigen Blättern, den Steinlorbeer und den Kirschlorbeer. Der Lorbeer, den wir in der Küche verwenden, ist der edle »laurus nobilis«.

Aromatische Lorbeersuppe

Dieses Rezept mutet beinahe altertümlich an. Seine Spuren verlieren sich in der grauen Vorzeit. Es ist eine Urform der Polenta und die provenzalische Spielart des englischen »porridge«. Das Besondere daran sind übrigens nicht die Zutaten, sondern die Art und Weise der Zubereitung und wie man dieser Suppe ihr Aroma verleiht.

ZUBEREITUNG: In einem großen Suppentopf mit schwerem Boden (die Suppe darf nicht anbrennen) 2 Liter Wasser zum Kochen bringen. Dann 3 geschälte und grob zerkleinerte Zwiebeln, 3 Knoblauchzehen mit Haut, 1 Lorbeerblatt, 3 Salbeiblätter und 1 Hand voll grobes Meersalz hinzufügen. Wenn das Wasser zu sprudeln beginnt, die Temperatur herunterschalten und 500 Gramm Mehl einrühren, das zuvor mit etwas kaltem Wasser glatt gerührt wurde, damit sich keine Klümpchen bilden. Geeignete Sorten sind Dinkel-, Mais-, Kichererbsen- und Bohnenmehl. Wahlweise 1 Schweinshachse oder 2 Endstücke von der Lammkeule mitgaren lassen. Am wichtigsten ist jedoch der Lorbeerzweig, der der Suppe das unvergleichliche Aroma gibt. Dafür von einem Lorbeerzweig die Blätter entfernen und die Suppe damit häufiger umrühren, während sie eindickt. Die Suppe ist fertig, wenn der Stock von allein in der Suppe »stehen« kann.

Vor dem Servieren einige Spritzer Olivenöl hineingeben. Diese aromatische Suppe mundet vor allem im Winter.

Gebackene Zwiebeln

Sie brauchen 1 Kilogramm weiße Zwiebeln, von denen die äußere Hülle entfernt wird. Die Zwiebeln 15 Minuten in kochendem Salzwasser blanchieren, anschließend mindestens 60 Minuten in einem Durchschlag abtropfen lassen. Danach jede Zwiebel mit einem Küchenmesser einritzen und je 1 Lorbeerblatt in die Einschnitte stecken.

Etwas Olivenöl in eine feuerfeste irdene Form gießen und die Zwiebeln dicht an dicht auf dem Boden anordnen. Mit Olivenöl beträufeln und etwas Pfeffer darüber streuen. 2 Stunden bei niedriger Hitze im Ofen garen. Während der Garzeit die Zwiebeln hin und wieder mit dem Bratensaft begießen. Dieser »tian« wird warm serviert und schmeckt zum Beispiel hervorragend zu Kalbsbraten.

Der Schmelz dieser Zwiebeln, die einem regelrecht auf der Zunge zergehen, erfordert einen weichen, verführerischen Wein wie den Cornas von Marcel Juge, der mit Eleganz, sanften Tanninen und floralen Noten besticht. Ebenfalls zu empfehlen ist der Cornas Vieille Vigne von Michel Tardieu und Dominique Laurent.

Geschmorter Topinambur

Obwohl Topinambur, auch Jerusalem-Artischocke genannt, ganz vorzüglich schmeckt, wird er meist verkannt, was daran liegen mag, dass er als »Kriegsgemüse« keine schönen Erinnerungen weckt. Meine Mutter hat uns zwar davon erzählt, aber in meiner ganzen Kindheit habe ich nie Topinambur zu sehen bekommen.

Heute erlebt dieses Gemüse, dessen Geschmack an Artischocken erinnert und dessen Konsistenz perfekt ist, sein wohlverdientes Comeback. Das nun folgende sehr alte Rezept stammt aus der Haute-Provence. Ich habe es in dieses Kapitel eingeordnet, weil Lorbeer das einzige Kraut ist, mit dem hier gewürzt wird.

ZUBEREITUNG: 1 Kilogramm Topinambur waschen, schälen und in Stücke schneiden. 3 Liter Wasser mit etwas Salz und Essig zum Kochen bringen, das Gemüse hineingeben und etwa 10 Minuten blanchieren. Den Topfinhalt in einen Durchschlag schütten und das Gemüse darin abtropfen lassen.

Etwas Olivenöl in einen Schmortopf aus Gusseisen geben und bei reduzierter Hitze 150 Gramm gewürfelten Räucherspeck, je 1 klein geschnittene Zwiebel und Lauchstange, 2 ausgedrückte Knoblauchzehen (Schale und Keim entfernen!), 2 Lorbeerblätter und 1 getrocknete Orangenschale darin dünsten. Unter häufigerem Umrühren langsam bräunen lassen. Nach knapp 15 Minuten Kochzeit den Topinambur, 1 Tasse Tomatensauce, 1 großes Glas lauwarmen Rotwein sowie 1 Tasse heißes Wasser in den Topf geben. 30 Minuten garen lassen, dann den Topf öffnen und weitere 30 Minuten köcheln lassen, bis das Gemüse die Flüssigkeit restlos aufgenommen hat. Heiß als Vorspeise reichen.

Zu diesem würzigen Gericht passt ein verführerischer Wein, wie es ein Gigondas aus gutem Hause ist. Ich empfehle Daniel Brussets Les Hauts de Montmirail. Die Domaine des Goubert macht ebenfalls schön strukturierte Weine, die durch ihre Ehrlichkeit bestechen und vor allen Dingen in Schönheit altern.

Anis

Noch heute ist Pastis der Inbegriff provenzalischer – vor allem männlicher – Lebensart und wird im Bistro am Tresen oder auf der Terrasse, gemütlich unter einer alten Platane sitzend, genossen. Im Kreis der Familie trinkt man gerne Anisette, Anis mit Wasser und Eis gestreckt, und dazu werden Oliven gereicht und ein mit Anchovis und Tapenade belegtes Gebäck. Frauen, Kinder und Jugendliche trinken auch gerne Anissirup. In der Provence werden Anisette und Anissirup wie andere Getränke nach streng gehüteten Familienrezepten hergestellt und sowohl die alkoholfreie als auch die Variante mit Alkohol werden gleichermaßen als Jungbrunnen, Heilmittel und Delikatesse geschätzt. Sogar als Mittel gegen den Schluckauf nimmt man sie ein. Dafür zwei Esslöffel Anissirup in ein Glas Wasser geben und auf einen Schluck austrinken, das genügt! Anisette wiederum besitzt magenstärkende, stimulierende und beruhigende Substanzen.

Weit verbreitet ist Anis in den provenzalischen Süßspeisen. Lebkuchen und der landestypische Ölfladen »gibassier«, auch »pompe à l'huile« genannt, werden mit den schmackhaften Anissamen gewürzt.

In der Provence gibt es Anis nur kultiviert – wie Engelwurz, der ihm verwandt ist. In freier Natur findet man ihn nirgendwo und seine Herkunft ist immer noch ungeklärt.

Anisette nach Art meiner Großmutter Athalie

ZUBEREITUNG: 100 Gramm zerstoßene Anissamen mit je 1 Messerspitze Koriander- und Zimtpulver, 2 Nelken, 1 Orangenschale und 1 aufgeschlitzten Vanilleschote in 2 Liter Branntwein einlegen. Nach 2 Wochen abseihen, die Flüssigkeit auffangen und mit 2 Liter Zuckerwasser (insgesamt 3 Kilogramm Zucker) auffüllen.

Anisette wird entweder pur wie ein Likör genossen oder wie ein Pastis, mit Wasser und Eiswürfeln gestreckt, vor dem Essen getrunken.

Anissirup

Einen Tag im Voraus 2 Liter Wasser mit 100 Gramm Anissamen, 1 Stückchen Süßholzwurzel und 1 Messerspitze geriebener Muskatnuss zum Kochen bringen. Danach den Topf von der Kochstelle nehmen und den gesamten Inhalt über Nacht ziehen lassen, damit der Sirup einen kräftigeren Geschmack bekommt.

Am nächsten Tag abseihen und 2 Kilogramm Zucker hinzugeben. Erhitzen, damit sich der Zucker auflösen kann, und den Sirup von der Kochstelle nehmen, sobald er zu kochen beginnt. Abkühlen lassen und in verschließbare Flaschen abfüllen. Vor dem Trinken wird dieser Anissirup mit Wasser verdünnt.

Gibassier

Zusammen mit Mandeln, Nüssen, Nougat, Trauben, Datteln und Feigen bildet dieses Weihnachtsbrot in der Provence die Krönung des großen Weihnachtsessens.

ZUBEREITUNG: 1 Kilogramm Mehl in eine Backschüssel geben, in die Mitte eine Vertiefung drücken. 300 Gramm Zucker, 1 Prise Salz, 2 Deziliter Olivenöl und 25 Gramm in Orangenwasser verrührte Hefe hineingeben. Dann noch 125 Gramm kandierte und in Stückchen geschnittene Orangenschalen sowie 3 Teelöffel Anissamen hinzufügen. Alles wie einen Brotteig verkneten. Das kostet ein wenig Kraft, aber je besser der Teig geknetet wird, desto gelungener ist das Resultat. Dann wird der Teig zu einer Kugel geformt, in ein Küchentuch gehüllt und 2 Stunden lang zum Aufgehen in einen geheizten Raum gestellt.

Danach den Teig in 4 Teile aufteilen und jedes Viertel mit dem Backholz zu 4 fingerdicken Fladen ausrollen. Mit einem Messer von der Mitte aus sternförmig 5 Einschnitte zum Rand hin ziehen. Diese Fladen dann auf eingeölte und mit Mehl bestäubte Backbleche legen und knapp 30 Minuten im heißen Ofen backen.

Anisplätzchen

ZUBEREITUNG: 250 Gramm Mehl, 175 Gramm Zucker, 50 Gramm weiche Butter, 15 Gramm Anissamen und 2 Esslöffel Orangenblütenwasser rasch zu einem glatten Teig verarbeiten. Die Teigmasse zu einer Kugel formen und 60 Minuten kühl stellen.

Dann den Teig auf einer bemehlten Unterlage mit einem Backholz 8 Millimeter dick ausrollen. Mit Hilfe eines Trinkglases runde Plätzchen ausstechen und sie maximal 15 Minuten bei reduzierter Hitze auf einem gebutterten und mit Mehl bestäubten Kuchenblech backen. Nach dem traditionellen Rezept werden Anisplätzchen hell gebacken. Danach auf dem Backgitter auskühlen lassen. Falls die Plätzchen wider Erwarten nicht sofort verzehrt werden, in gut verschlossenen Blechdosen aufbewahren.

Rucola

Rucolablüte.

Ein weiterer »Feldsalat«, und ein sehr aromatischer dazu, wächst gern auf den unbestellten Böden unserer Ebenen. In der Region von Nizza wird er als fester Bestandteil des berühmten »mesclun« (Rezept Seite 115) seit vielen Jahren kultiviert. Rucola ist eine einjährige Pflanze, deren spitz aufragender Stängel mit lyraförmigen Blättern besetzt ist. Die Blüten ziehen von Weiß nach Gelb, mit einem Anflug von Violett.

Schon im Altertum schrieb man Rucola aphrodisierende Wirkstoffe zu. Im Mittelalter lieferte sie den Rohstoff für ein Elixier, das der »Rehabilitierung der durch Ausschweifung oder Alter verbrauchten Organe« dienen sollte, und die Wirkung fiel so heftig aus, dass man das Kraut daraufhin aus den klösterlichen Gärten verbannte. Wie dem auch sei, auch unter Kochbuchautoren herrscht die Meinung, dass Rucola nur in Maßen genossen werden sollte.

Bei Rucola ist der geschmackliche Unterschied zwischen der wilden und der gezähmten Sorte stärker als bei anderen Kräutern ausgeprägt. Die wild wachsende Pflanze hat einen kräftigen, etwas scharfen, säuerlichen und sehr aromatischen Geschmack und ist zum Würzen von Quark, Salat und Kartoffeln geeignet. Kultivierte Rucola hat einen milderen Geschmack, der an Mandeln erinnert; sie wird wie grüner Blattsalat verwendet.

Nizzaer Mesclun

Mesclun kommt von »mescla«, was im regionalen Dialekt so viel wie Mischung bedeutet. Seit über hundert Jahren ist diese Spezialität nicht nur in Nizza, sondern über die gesamte Vallée du Var verbreitet. Doch ihre Wurzeln sind noch viel älter, zählt doch die Zusammenstellung unterschiedlicher wild wachsender Kräuter zu den ältesten Ernährungstraditionen überhaupt. Mesclun ist eine bunte Mischung aus allen möglichen Salatkräutern, die in der Provence wachsen, aus Löwenzahn, Rucola, Portulak, Feldsalat, jungem Kopfsalat, Romana, Endivie und Brunnenkresse sowie aus Petersilie, Kerbel und Dill. Ursprünglich wurden für den Mesclun ausschließlich grüne Pflanzen gesammelt, aber neuerdings kommen auch rötliche Salate hinein.

Da »mesclun« von Haus aus intensiv würzig schmeckt, genügt es normalerweise, ihn mit einigen Spritzern Olivenöl, Zitrone und etwas Salz anzumachen.

Ziegenfrischkäse mit Wilder Rucola

Die kleinen runden Frischkäse aus Ziegenmilch, die heute überall in der Provence erhältlich sind, lassen sich vorzüglich mit frischen gehackten Kräutern kombinieren. Probieren Sie einmal dieses Rezept, das eine einfache und erfrischende Vorspeise ergibt. Das nächste Rezept, das die vielfältigsten Kräuter vereint, ist etwas raffinierter und arbeitsaufwändiger.

ZUBEREITUNG: Sie benötigen zirka 20 frisch gepflückte zarte Rucolablätter von den oberen Teilen der Pflanze. Die Blätter fein hacken und 4 kleine Frischkäse aus Ziegenmilch mit den Kräutern sowie mit Salz und Pfeffer verrühren. Die Käse wieder in ihre Form bringen, in eine Schüssel legen, mit Frischhaltefolie bedecken und 60 Minuten kühl stellen.

Dazu passt frisches Landbrot, in große Scheiben geschnitten, die geröstet und noch warm mit Olivenöl aus Nyons beträufelt werden. Die Weinempfehlung ist ein weißer Saint-Joseph von Bernard Gripa aus dem Jahr 94, ein voller und geschmeidiger Wein mit Anklängen an weiße Blumen.

Kleine Ziegenfrischkäse mit Gartenkräutern

Wer das Glück hat, in L'Isle-sur-la-Sorgue zu wohnen, kann diese Seiten überblättern, weil die aparten Kräuterkäse dort fertig auf dem Markt feilgeboten werden – besser kann man sie nicht machen! Für alle anderen gilt das folgende Rezept. Sie brauchen mindestens 500 Gramm Ziegenfrischkäse von guter Qualität und alle nur denkbaren milden Kräuter, die sich auftreiben lassen, Rucola, Schnittlauch, Minze, Koriander, Petersilie, Basilikum, Estragon, blühenden Thymian, Bohnenkraut, jungen Knoblauch sowie Salz und Pfeffer. Alle Kräuter müssen unbedingt frisch und zart sein, getrocknete Kräuter sind nicht geeignet, weil sie die Konsistenz des Käses beeinträchtigen würden. Deshalb gehört auch Rosmarin nicht hinein, denn seine harten, ledrigen Blätter können sich im weichen Frischkäse nur unangenehm bemerkbar machen.

ZUBEREITUNG: Zunächst den Ziegenkäse in so viele Portionen aufteilen, wie Ihnen Kräutersorten zur Verfügung stehen. Sowie eine zusätzliche Portion für den Knoblauch abzweigen. Dann werden jeweils die schönsten Blätter von Koriander, Petersilie, Thymian und Minze zum Dekorieren ausgewählt und beiseite gelegt, ebenso die schönsten Halme Schnittlauch und je 3 Stängel Bohnenkraut und Minze. Alle Kräuter sorgfältig verlesen, das heißt, die härteren Teile von Koriander, Petersilie und Estragon sowie alle verwelkten oder beschädigten Blätter werden entfernt. Dann werden die Kräuter und der Knoblauch separat so fein wie möglich gehackt. Anschließend den Käse portionsweise mit je einem der gehackten Kräuter vermischen, auf 1 Esslöffel Käse kommt 1 Teelöffel Kräuter, wobei die Menge beim Knoblauch etwas darunter liegen sollte. Falls unbedingt notwendig, Salz und frisch gemahlenen Pfeffer hinzufügen. Dann werden die Käseportionen wieder in Form gebracht und mit einem Blättchen oder einer Blüte des jeweiligen Krauts dekoriert, um sie ausei-

Ziegenfrischkäse mit Wilder Rucola (rechts).

nander zu halten. Ich reiche diese köstlichen kleinen Käse vorzugsweise als Vorspeise mit großen gerösteten Scheiben vom frischen Landbrot und einer Flasche fruchtigem Olivenöl zur freien Verfügung.

Ein fruchtiger und ausgewogener Weißwein der Domaine de la Verrerie, von geschmeidiger Textur und mit deutlichen Honignoten, ist der perfekte Begleiter für diese köstliche Vorspeise.

Pizza »Redentore«

Dieses Rezept ist ein Souvenir aus Venedig. Auf der Giudecca-Insel, gegenüber dem Zattere-Quai, erhebt sich die prächtige Basilika Il Redentore des Baumeisters Palladio. Die Giudecca ist ein Ort mit einem besonderen Flair, ein eigenständiges kleines Dorf, dessen Alltag in ruhigeren, bedächtigeren Bahnen verläuft und das sich damit von der Hektik des anderen Venedig abhebt. Selbst die (wenigen) Touristen, die auf die Insel kommen, um die palladianische Kirche zu besichtigen oder in der Jugendherberge am Quai Quartier zu nehmen, wirken hier nicht störend. Gleich neben der Basilika befindet sich die Terrasse der Trattoria del Redentore, in der ich mich oft zum Mittag- oder Abendessen niederließ, um vor der wunderschönen Kulisse von San Giorgio und San Marco die vorzügliche heimische Küche, die man dort serviert, zu genießen. Zu meinen Lieblingsgerichten an diesem Platz zählte die Pizza nach Art des Hauses, die glühend heiß, mit Tomaten und Mozzarella belegt und mit einer üppigen Schicht frischer roher Rucolablätter obenauf serviert wurde.

ZUBEREITUNG: Einen Pizzateig zubereiten (Rezept Seite 121), mit Tomaten bedecken und gut 10 Scheiben Mozzarella darüber verteilen. Mit Olivenöl beträufeln. 15 Minuten im Backofen bei sehr starker Hitze backen. Dann herausnehmen und unverzüglich 300 Gramm gewaschene und gut abgetropfte Rucolablätter (die gezähmte Sorte) über die Pizza streuen.

Sofort servieren, vorzugsweise mit einem Rosé, der so schön fruchtig und lebhaft ist wie der der Domaine de la Citadelle in den Côtes-du-Lubéron.

Feldsalat

Die Provenzalen nennen den bekanntesten aller Wildsalate »doucette«, den Milden. Feldsalat ist anspruchslos, wächst auf jeder Wiese, sprießt aus jeder Mauerritze. In keinem Garten darf er fehlen, und sogar im Winter ist er überall erhältlich, weil ihm Minusgrade nichts ausmachen und er sich darüber hinaus vorzüglich im Treibhaus ziehen lässt. Nach seinem botanischen Namen »valerianella olitoria« gehört Feldsalat zur Familie der Baldriangewächse. Die so geschätzte krampflösende Wirkung seines engen Verwandten »valeriana officinalis« besitzt er allerdings nicht. Feldsalat ist einfach nur ein wohlschmeckender, zarter und nussiger Salat.

Feldsalat mit Zwiebeln

Für den Feldsalat 3 bis 4 Zwiebeln schälen, in feine Streifen schneiden und bei niedriger Temperatur mit etwas Olivenöl in einer Pfanne langsam anschwitzen. Salz und Pfeffer hinzufügen. Die Zwiebeln müssen goldgelb werden, bräunen dürfen sie nicht, weil das den Geschmack beeinträchtigen würde.

Den Feldsalat verlesen, waschen und gut abtropfen lassen, dann in eine Salatschüssel geben. Kurz vor dem Servieren die gedünsteten Zwiebeln darüber geben und alles gut mischen, eventuell noch mit Salz und Pfeffer abschmecken. Eine Salatsauce ist für diese Vorspeise nicht notwendig.

Oregano und Majoran

Oregano und Majoran sind so leicht zu verwechseln, dass sogar Händler sich manchmal nicht ganz sicher sind, was sie da gerade verkaufen. Aber was soll's, der Geschmacksunterschied ist so gering, dass die beiden Kräuter ähnlich verwendet werden können. Majoran kam auf der so genannten Gewürzstraße aus Indien, Arabien und Ägypten über die Handelskontore der östlichen Mittelmeerländer zu uns. Er wächst nicht frei in der Provence. Also muss es unter den vielfältigen Handelswaren, die am Quai von Saint-Jean im Hafen von Marseille gelöscht wurden, unter Kisten mit Safran, Indigo, Kaffee, und kostbaren Seidentüchern aus Damaskus auch ein paar Säcke mit Majoran gegeben haben. Oregano wiederum ist in der Provence stark verbreitet und fühlt sich auf Wiesen ebenso wohl wie im trockenen Bergland. Der mehrjährige Oreganostrauch mit seinen rötlichen Stängeln hat weiche, länglich-ovale Blätter von graugrüner Färbung und violettrosa Blütenbüschel oben auf dem Stängel.

Wie Majoran gehört Oregano zu den Lippenblütlern. Er ist gut bei Appetitlosigkeit, lindert Verdauungsbeschwerden und Sodbrennen, hilft Kindern bei Keuchhusten und sorgt im Alter für freie Atemwege. Majoran hingegen ist wegen seiner verdauungsfördernden Gerbstoffe ideal für alles Fette. Der wegen seiner angenehm aromatischen Eigenschaften ebenso geschätzte Oregano ist darüber hinaus weltweit als Pizzagewürz bekannt.

Geriebene Mohrrüben mit Majoran

Hier geht es tatsächlich um nichts anderes als um eine schlichte, aber köstliche Mohrrüben-Rohkost, die uns so vertraut ist, dass sie in den meisten Kochbüchern nicht vorkommt. Aber in diesem Rezept erhält die Mohrrübe durch den frischen Majoran das gewisse Etwas. Allerdings muss die Dosierung ausgewogen sein und erfordert Fingerspitzengefühl, weil Majoran gerne dominiert.

ZUBEREITUNG: Ein paar schöne, frische Mohrrüben aus dem Garten waschen, trockentupfen und nur abbürsten. Dann werden sie gerieben und mit 1 kleinen zerdrückten Knoblauchzehe, etwas Zitronensaft, einem kräftigen Schuss Olivenöl, Salz, frisch gemahlenem Pfeffer und frischen Majoranblättern angemacht. Alles gut mischen und sogleich servieren.

Pizza nach Art von Pierre und Paul

Paul ist mein Ältester und Pierre-Grégoire sein Freund. Beide zusammen sind die Könige der Pizza. Die salzige Tarte, die von Neapel aus die ganze Welt eroberte, gibt es in unzähligen Spielarten, und die Geschmacksskala variiert von absolut scheußlich bis wahrhaft göttlich. In den Dörfern der Provence gibt es fahrende Pizzabäcker, die ihre großen, meist weiß lackierten und rot beschrifteten Lieferwagen am Straßenrand abstellen und nachmittags gegen 5 Uhr an der einen Seite einen Rollladen hochziehen, um ihr Fahrzeug zum Verkaufsstand umzufunktionieren, und bald darauf ist die Luft rundherum von einem köstlichen, appetitanregenden Duft nach Holzkohle, geschmolzenem Käse und Oregano erfüllt.

Wir persönlich haben die Dienste der fahrenden Pizzabäcker seit einigen Jahren kaum noch beansprucht. Schließlich haben wir Paul im Haus, der uns mit seiner Pizza verwöhnt. Hier ist das Rezept:

Beginnen Sie 4 Stunden vor dem Essen, weil Vorteig und Teig eine Weile zum Aufgehen brauchen. 40 Gramm Bäckerhefe mit 5 Zentiliter lauwarmem Wasser verrühren. 60 Gramm Mehl mit der aufgelösten Hefe in eine Backschüssel geben und alles zu einem glatten Teig verarbeiten. Den Teig zu einer Kugel formen, mit gesiebtem Mehl bestäuben und mit einem Messer über Kreuz einschneiden. Dann mit einem Küchentuch bedecken und an einem zugfreien, warmen Ort (20 Grad) 60 Minuten gehen lassen.

Nach Ablauf der Ruhezeit 500 Gramm Mehl und 5 Esslöffel Olivenöl hinzufügen, am besten ein mildes Öl aus Nyons. Dann noch 10 Zentiliter Wasser hinzufügen und alles lange und gründlich verkneten, wobei der Teig mehrmals ausgebreitet und wieder zusammengelegt wird, damit er locker und geschmeidig wird. Dann erneut zu einer Kugel formen und in eine Schüssel legen. Mit einem Küchentuch bedecken und weitere 2 Stunden an einem warmen Ort (20 Grad) ruhen lassen.

Anschließend den Teig in 2 gleich große Kugeln teilen, die jeweils 1 knappen Zentimeter dick zu runden Pizzaböden ausgerollt werden. Doch zuvor wird die Tomatensauce zubereitet: 5 bis 6 schöne reife Tomaten in dicke Stücke schneiden, leicht salzen und pfeffern und bei schwacher Hitze in einer Bratpfanne 45 Minuten garen. Diese Sauce durch ein Sieb oder ein Passiergerät geben und vor der Weiterverwendung vollständig erkalten lassen. Danach die Teigböden mit je 1 Kochlöffel Tomatensauce von der Mitte nach außen bestreichen und dabei einen kleinen Rand von 15 Millimetern überstehen lassen.

15 gesalzene Anchovisfilets, gesäubert, in klarem Wasser gespült und mit Küchenkrepp trockengetupft, werden auf einem der Pizzaböden verteilt. Mit einigen schwarzen Oliven garnieren. 1 großen Esslöffel getrockneten Oregano darüber streuen. Mit Olivenöl beträufeln, und schon ist sie fertig, die Pizza, die Pierre am liebsten mag.

Auf die zweite Teigplatte kommt wie gehabt eine Schicht Tomatensauce und darauf eine dicke Schicht geriebener Käse (Greyerzer). Anschließend weiter wie bei der Pizza mit Anchovis verfahren und schwarze Oliven, Oregano und einen Spritzer Olivenöl auf die Pizza geben. So mag Paul seine Pizza am liebsten.

Die Pizzen in den stark vorgeheizten Ofen geben und nicht länger als 15 Minuten backen. Direkt vom Backofen auf den Tisch bringen. Dazu reicht man eine Flasche Olivenöl, in der 30 kleine scharfe Chilischoten und 1 bis 2 Knoblauchzehen drei Wochen mariniert wurden. Dazu passt ein Rosé de Provence, dessen Trinktemperatur angenehm kühl sein sollte.

Diese Käse- und Anchovis-Pizzen bilden die einfachsten, klassischen Spielarten der Pizza. Mir persönlich schmecken sie am besten. Aber natürlich lässt sich dieses Grundrezept unter Verwendung von Artischocken, Zwiebeln oder Tintenfisch beliebig variieren.

Oreganobutter

Diese köstliche Oreganobutter schmeckt, gut gekühlt, vor allem zu Grilladen. Das Rezept ist kinderleicht: Die Butter muss weich genug, darf aber nicht flüssig sein. In einem Steinmörser mit einem Holzstößel (oder im Mixer) 1 Hand voll frischen Oregano mit 1 Teelöffel grobem Salz zerquetschen. Dann mit der klein geschnittenen Butter verrühren und zum Schluss den Saft 1 Zitrone darunter mischen. Die Oreganobutter sofort in eine kleine Terrine geben und bis zum Servieren kühl stellen. Sie schmeckt vorzüglich zu Lammkoteletts und Zucchinischeiben, die auf der Glut gegart werden.

Dieses Grundrezept lässt sich nach Belieben mit anderen frischen, zarten Kräutern variieren, zum Beispiel mit Estragon, Koriander, Petersilie oder Salbei. Nur vom Gebrauch getrockneter Kräuter ist abzuraten, ebenso von Kräutern wie Rosmarin, deren harte Blätter die Konsistenz der Butter beeinträchtigen würden.

Spinat und Mangold

Natürlich ist mir klar, dass Spinat und Mangold unter den Kräutern der Provence eigentlich nichts verloren haben. Doch sie sind die Basis vieler Gemüsegerichte, die man hier – bis in den Norden Italiens hinein – so sehr liebt. Darüber hinaus lassen sich fast alle meine Rezepte mit Mohnsprossen, Portulak oder Wildlauch auch mit Spinat oder Mangold zubereiten. Diese beiden Gemüse sind so typisch für die provenzalische Küche, dass sie meines Erachtens ein eigenes Kapitel verdienen.

Omelett mit Mangoldgrün

Neben dem Tomatenomelett gehört dieses Omelett traditionsgemäß in jeden Picknickkorb und in jede Jägertasche, zumal es kalt noch besser schmeckt als warm und sich daher ohne weiteres einen Tag im Voraus zubereiten lässt. Statt Mangold kann man auch Spinat verwenden, ebenso alles, was gerade an Kräutern zur Verfügung steht – auch Wildlauch, Mohnblätter, Brennnesseln, Rucola und Feldsalat, ja sogar die Blätter von Radieschen und weißen Rüben sind geeignet. Aber Finger weg von Löwenzahn und Wegwarte, die sind einfach zu bitter! Man kann hier sehr interessante Geschmacksrichtungen kreieren, wobei Spinat oder Mangold natürlich leichter aufzutreiben und im Ergebnis vergleichbar sind.

ZUBEREITUNG: Die Mangoldblätter verlesen, waschen und abtrocknen. Behutsam die Stiele entfernen und die weißen Rippen aus den grünen Teilen der Blätter heraustrennen. Das geht sehr leicht und rasch vonstatten. Die Rippen lassen sich später für ein Gratin verwenden. 1 Zwiebel schälen, fein hacken, in eine Pfanne mit Olivenöl geben und bei sanfter Hitze goldgelb dünsten. Sobald die Zwiebeln glasig werden, nach und nach die grob gehackten Mangoldblätter in die Pfanne geben. Keine Angst, der Gemüseberg wird während des Garvorgangs in sich zusammenfallen! Den Pfanneninhalt langsam unter häufigerem Umrühren weiter dünsten, bis das Gemüse gar ist. Dann die Pfanne von der Kochstelle nehmen.

10 frische Eier in eine Schüssel hinein aufschlagen, salzen und pfeffern und rasch mit der Gabel verschlagen. Dann die Kräuter darunter mischen und noch ein paar Mal gründlich durchschlagen.

Nun können Sie wählen: Falls Sie sich sicher sind, dass das Omelett nicht am Boden der Pfanne haften bleibt, können Sie die Gemüsepfanne wieder auf die heiße Herdplatte stellen, die mit den Kräutern verschlagenen Eier hineingeben und

stocken lassen. Ansonsten wird das Gemüse zunächst in eine Schüssel umgefüllt, die Pfanne gut ausgewischt, dann etwas Olivenöl hineingegossen und erneut erhitzt. Das Omelett muss sehr langsam garen und dabei des Öfteren aufgelockert werden. Wenn die Unterseite gar ist, das Omelett wenden. Wer keinen speziellen Pfannenwender besitzt, lässt es in einen passenden Topfdeckel gleiten und schiebt es dann umgekehrt in die Pfanne zurück. Dieses köstliche Omelett schmeckt heiß, lauwarm oder kalt.

Wer zum Omelett Wein trinken mag, probiere einmal die Cuvée Pétale de Rose, einen fein nuancierten, eleganten Rosé des Château de Barbeyrolles de Gassin.

Risotto verde nach Art von Giorgio und Irène

In der Welt der hohen Erfindungsgabe, in der Geschmack, Humor und Lebensart herrschen, sind sie Meister. Meine Freunde Giorgio und Irène leben im Land der Binsen und Korbflechter an der Rhône und haben ihr Haus in ein wahres Kleinod verwandelt. Unser größtes Vergnügen ist es, uns innerhalb dieser verspielten Architektur, die sich zwischen Nomadenzelt und Florentiner Palazzo bewegt, mit ihrem vorzüglichen grünen Risotto al dente verwöhnen zu lassen.

ZUBEREITUNG: Zunächst 1 Kilogramm Spinat waschen, verlesen und dann 4 bis 5 Minuten in kochendem Salzwasser blanchieren. Den Spinat gut abtropfen lassen und nach dem Abkühlen fein hacken. Dann brauchen Sie 1 Liter Brühe, vorzugsweise eine echte Hühner- oder Rinderbouillon, ansonsten tut es auch die Brühe aus dem Würfel oder Granulat. Im letzten Moment, nämlich genau 25 Minuten vor dem Servieren, etwas Olivenöl in eine hochrandige schwere Pfanne geben und 3 fein gehackte Zwiebeln darin bei sehr schwacher Hitze andünsten. Die Zwiebeln dürfen nur eben gerade etwas gelb sein, anderenfalls sind sie zu dominant. Am besten gelingt das Rezept in einer irdenen feuerfesten Pfanne, in der das Risotto direkt von der Kochstelle auf den Tisch kommt. Sobald die Zwiebeln glasig werden, pro Person 1 Tasse runden Reis aus der Camargue hinzufügen. Die Temperatur etwas höher stellen und den Reis unter ständigem Rühren leicht anbraten. Das dauert nicht länger als ein Chanson, wie Giorgio es ausdrückt, also gerade mal 3 Minuten, bis die Reiskörner glasig sind. Dann 1 Glas guten trockenen Weißwein – vorzugsweise den, der später am Tisch dazu getrunken wird – in den Reis gießen und unter weiterem ständigem Rühren die Flüssigkeit einkochen lassen. Rühren ist bei diesem Rezept überhaupt das A und O. Dann mit heißer Brühe auffüllen, sodass alles bedeckt ist, die Hitze reduzieren und noch gut 10 Minuten weiter rühren. Die Brühe nach und nach hinzufügen, immer nur eine kleine Menge, sodass der Reis gerade noch etwas Flüssigkeit hat. Dann den Spinat dazugeben und 2 Minuten mitgaren. Zu diesem Zeitpunkt muss der Reis al dente sein, also noch Biss haben. Jetzt von der Kochstelle nehmen. Da der Reis im Kochgeschirr weiter quillt, ist er einige Minuten später beim Servieren perfekt. Zum Schluss 1 Tasse geriebenen Parmesan unter den Reis mischen und schmelzen lassen, sodass er die Körner bindet und das Gericht cremig wird.

Sofort servieren. Dazu empfehle ich einen trockenen, aromareichen und harmonischen Weißwein, wie es die Weine der Domaine de La Citadelle im Dorf Ménerbes sind. Sie werden aus Chardonnay, Viognier sowie einem Verschnitt aus Roussanne und Marsanne gemacht und sind ideale Begleiter für dieses Risotto, das durch seinen schönen Farbton und das feine Aroma besticht.

Kräuterflan

Für diesen Flan werden Gartenkräuter miteinander kombiniert: etwas Spinat, 1 Stange Lauch, 1 kleiner Gärtnersalat, einige Blätter von Radieschen und weißen Rüben, frische Brennnesselblättchen – alles in allem 500 Gramm grüne Kräuter, die gut gewaschen und getrocknet werden.

Dann den Lauch in 7 bis 8 Zentimeter breite Stücke schneiden und jedes Stück längs in feine Streifen teilen. 3 Liter Wasser mit Salz zum Kochen bringen, den Lauch und 1 klein geschnittene Zwiebel hineingeben. 3 Minuten kochen lassen, dann die restlichen Kräuter, grob zerkleinert, ins

Wasser geben. 4 Minuten mitkochen, dann das Wasser abgießen und die Kräuter gut abtropfen lassen. Erst wenn die Kräuter vollständig trocken sind, werden 4 miteinander verschlagene Eier darunter gemischt. Mit Salz und Pfeffer abschmecken und 2 Esslöffel Olivenöl unterrühren. Dann noch 1 Messerspitze Muskatnuss und 2 Esslöffel gehackten Schnittlauch hinzufügen. Alles gut mischen und in eine gebutterte feuerfeste Form geben. In den Backofen stellen und den Kräuterflan im Wasserbad bei 180 Grad gut 30 Minuten garen. Mit einer pikanten Tomatensauce reichen.

Gegrillte Polenta mit Feldkräutern

In der traditionellen Küche von Nizza und seinem Hinterland sowie in einigen Tälern des Haut-Var war die Polenta über lange Zeit Hauptbestandteil der täglichen Ernährung. Dazu reichte man, je nach Saison und regionalen Gepflogenheiten, eine Sauce aus Nüssen, Anchovis oder Kräutern, oder auch nur etwas Käse und frische Pilze. Bei dem folgenden Rezept mit Kräutersauce haben wir die Polenta mit Milch und Eiern angereichert, was in der Urform der Polenta sicherlich nicht enthalten war, sie aber umso köstlicher macht.

ZUBEREITUNG: ½ Liter Vollmilch mit ½ Liter Wasser in einer großen Kasserolle zum Kochen bringen. Salz und Pfeffer zufügen und 400 Gramm gelben Maisgrieß auf einmal dazugeben. Die Konsistenz der Polenta wird übrigens weitaus interessanter mit einem mittelgroben Grieß als mit einem feineren. Den Grieß unter ständigem Rühren mit einem Holzlöffel aufkochen und ein wenig köcheln lassen, dann von der Kochstelle nehmen. 3 Esslöffel Olivenöl aus Nizza, 50 Gramm geriebenen Käse und 2 Eigelb unterrühren. Alles gut vermischen, den Topfinhalt in eine feuerfeste Form gießen und vollständig auskühlen lassen. Die Polenta ergibt nun einen festen, kompakten Block, der sich mit einem Messer mühelos in drei- oder viereckige Stücke zerschneiden lässt. Danach können Sie wählen, wie Sie weiter verfahren: Entweder legen Sie die Stücke locker – ohne dass sie sich überlappen – in eine feuerfeste Form, geben geriebenen Bergkäse darüber, beträufeln das Ganze mit Olivenöl und überbacken dann alles rund 10 Minuten bei starker Hitze im Ofen. Oder Sie legen die

Polentastücke auf den Rost über eine Glut und grillen sie dort, bis sich eine goldgelbe Kruste bildet. Nach 3 bis 4 Minuten wenden. Die Polenta wird sehr heiß zusammen mit einer Kräuter-Anchovis-Sauce serviert. Für die dicke kompottartige Sauce etwas Olivenöl in einen Schmortopf geben und bei ziemlich starker Hitze unter ständigem Rühren allerlei Gemüse darin garen, das vorher gründlich verlesen, gewaschen, getrocknet und grob zerkleinert wurde. Erlaubt ist praktisch alles, was grün ist, egal ob es von den Feldern oder aus dem eigenen Garten stammt: Spinat und Mangold, Kultur- und Wildlauch, Brennnesselblätter, Blätter von Radieschen und weißen Rüben, Kopfsalat und Eskariol (eine Endivienart), etwas Rucola, Portulak, Petersilien- und Minzeblätter. Zunächst geben die Kräuter noch Wasser ab, das jedoch rasch verdunstet. Dann die Kräuter an den Topfrand schieben und in die Mitte 6 oder 7 große gesäuberte, gewaschene und mit Küchenkrepp getrocknete Anchovisfilets legen. Die Temperatur möglichst weit herunterschalten und ein paar Minuten abwarten, bis die Anchovisfilets unter leichtem Gabeldruck zergehen. Dann alles gut mischen und diese Kräuter-Anchovis-Sauce zur Polenta reichen.

Wegen der Anchovisfilets ist weder Salz noch Pfeffer notwendig. Aber ein kräftiger Rosé aus der Provence wie der vollmundige Rosé der Domaine de la Bernarde au Luc kann nie schaden.

WEIN- UND FEIGENBLÄTTER

Banon ist ein hübsches Dorf in den Alpes-de-Haute-Provence und die Herstellung der bekannten gleichnamigen Käsespezialität aus Ziegenmilch erfreut sich dort einer langen Tradition. Dieser kleine cremige Käse ist von weicher Konsistenz und hat eine feine weiße Rinde. Zur Konservierung und Verfeinerung wird er in Weinbrand getaucht, in ein braunes Kastanienblatt gewickelt und mit ein wenig Bast verschnürt. Wenn man dann (frühestens) zwei Wochen später den Faden durchtrennt und den Käse auswickelt, hat das Kastanienblatt sein Tannin an den Käse abgegeben, was ihn noch würziger und aromatischer macht. Ein Hochgenuss! Früher wurden Weinblätter statt Kastanienblätter verwendet. Wann und wieso sich das verändert hat, weiß ich allerdings nicht.

Die Sitte, bestimmte Nahrungsmittel in Blättern zu konservieren oder reifen zu lassen, ist über den ganzen Erdball verbreitet. In China werden für die köstlichen gedämpften »dim sum« Lotosblätter mit Klebreis, Fleisch und Gewürzen gefüllt. In Indonesien gart man den Reis in den Blättern der Banane und gefüllte Maisblätter zählen zu den Spezialitäten der Indios von Neumexiko. Die griechische Küche ist für ihre gefüllten Weinblätter bekannt, während die korsischen Frauen für ihre köstliche Süßspeise, »fiadone« genannt, Kastanienblätter wählen, um sie dann mit dem regionalen Frischkäse (brousse), der mit etwas Zitrone vermengt wird, zu füllen. Die Blätter sind nicht nur ästhetisch ansprechend, sondern geben auch ihre Tannine und Aromen an die jeweilige Füllung ab.

Außer Thymian, Fenchel, Wildsalaten und Wildlauch findet man in der Provence auch zarte Weinblätter am Wegesrand, die man in den folgenden drei Rezepten ebenso wie Kastanien- oder Feigenblätter verwenden kann.

Weinblätter mit Lammfleischfüllung

Dieses Rezept stammt vermutlich aus Syrien oder aus der Türkei, so ganz genau weiß ich das nicht mehr. Jedenfalls ist es eines meiner Glanzstücke, die auf allen Sommerfesten Furore machen. Dabei sind gefüllte Weinblätter keine Seltenheit. Man kennt sie im gesamten Mittelmeerraum, bis hin zum fernen Armenien, wo man die Füllung aus Reis, Rosinen, Pinienkernen und Dill herstellt. In Zypern wird Hackfleisch von Kalb und Lamm mit frischer Minze unter den Reis gemischt. In meinem Rezept besteht die Füllung aus purem Lammfleisch in Würfeln und kommt ganz ohne Reis aus.

ZUBEREITUNG: 40 schlanke, zarte Weinblatter von mittlerer Größe sorgfältig waschen und die Stiele entfernen. Danach in kochendem Wasser blanchieren, damit sie geschmeidig werden. 3 Minuten genügen. Die Blätter abtropfen lassen.

2 Lammschultern ohne Knochen in grobe Würfel schneiden und jedes Feigenblatt mit 1 Stückchen Fleisch garnieren. Salzen und pfeffern und jedes Blatt zusammenfalten. Alle Fleischpäckchen in einen hohen Kochtopf legen und einige Knoblauchzehen in die Zwischenräume packen (insgesamt zirka 15 Knoblauchzehen). Mit einem dünnen, scharfen Messer die Schale von 3 oder 4 unbehandelten Zitronen abschälen und in kleine Stückchen schneiden. Die Zitronenschale ebenfalls zwischen die Weinblätter legen. Den Zitronensaft darüber gießen. Noch etwas Salz sowie 50 Gramm in Streifen geschnittene Butter hinzufügen. Alles mit einem großen Teller und einem Stein beschweren, um die gefüllten Weinblätter während des Garvorgangs zu fixieren. Dann mit Wasser auffüllen, sodass alles großzügig mit Flüssigkeit bedeckt ist. Für die Sauce sollte ½ Liter Brühe übrig bleiben. Zum Kochen bringen, dann die Hitze reduzieren und 90 Minuten weiter im Topf garen lassen. Anschließend die Fleischtaschen behutsam und ohne sie zu zerquetschen herausnehmen und zum Abtropfen in einen Durchschlag legen.

Für die Zitronensauce 50 Gramm Butter in einen Topf mit schwerem Boden geben und bei schwacher Hitze zum Schmelzen bringen, dann 2 Esslöffel Mehl einrühren. 2 Minuten unter Rühren anschwitzen, aber nicht bräunen lassen. Nun ½ Liter Brühe auf einmal hineinschütten und dabei mit dem Schneebesen schlagen, damit sich keine Klumpen bilden. Unter ständigem Rühren weiterköcheln lassen, bis die Sauce eindickt und Blasen wirft. In einer Schüssel 2 Eigelb mit dem Saft ½ Zitrone mischen und unter ständigem Schlagen nach und nach die heiße Sauce hineingießen. Die Sauce wieder auf die Herdplatte stellen und bei schwacher Hitze langsam rührend 2 Minuten weitergaren. Dieses Gericht schmeckt sowohl warm als auch kalt. Weinblätter und Sauce werden dabei separat gereicht.

Zu dieser würzigen Speise passt ein rustikaler Wein wie der herrlich gereifte Cornas von Auguste Clape mit feinen Tanninen und von schöner Struktur.

Kleine Fiadone aus Castagniccia

Mit der Gabel 500 Gramm Frischkäse aus Schafsmilch zerdrücken, vorzugsweise den echten korsischen »bruccio«. 150 Gramm Zucker unterrühren, dann nacheinander 3 ganze Eier dazugeben und zum Schluss die geriebene Schale einer unbehandelten Zitrone darunter mischen. 10 Kastanien- oder Weinblätter waschen, entstielen und 3 Minuten im kochenden Wasser blanchieren. Mit Küchenkrepp sorgfältig abtupfen. Auf jedes Blatt einen Klecks von der Käsecreme geben. Gut aufwickeln und mit dem Verschluss nach unten vorsichtig in eine feuerfeste Form legen. Die »fiadone« 25 Minuten im heißen Backofen garen.

Anschließend auskühlen lassen und mit einem sehr guten, lebhaften Weißwein aus Cap Corse reichen, zum Beispiel einem Clos-Nicrosi oder auch einem edelsüßen Muscateller aus demselben Haus. Dieser köstlich fruchtige und ausbalancierte Wein wird aus der Muscat-Rebe gekeltert.

Früchte im Feigenblatt nach Art von Pierre Hermé

Der Meisterkonditor Pierre Hermé, von dem auch schon das Käse-Krokant-Gebäck von Seite 103 stammt, gab mir dieses Rezept, das ich jeden Sommer zubereite – zur großen Freude der Familie und unserer Gäste. Vielen Dank, lieber Pierre, es ist ausgesprochen köstlich!

ZUBEREITUNG: Zunächst braucht man frisch gepflückte Feigenblätter aus dem Garten. Sie müssen jung, schön geformt und mittelgroß sein. Dann kommen noch je 10 reife Feigen und große reife Aprikosen hinzu. Die Früchte halbieren, die Aprikosen entkernen und in jede Frucht 1 Teelöffel Zucker und etwas Zitronensaft geben. Die Früchte schließen und mit je 1 Feigenblatt umhüllen. Die gefüllten Blätter vorsichtig in einer feuerfesten Form anordnen. Etwa 20 Minuten im heißen Ofen backen und sofort servieren. Zu diesen gefüllten Feigenblättern passt Vanilleeis. Durch den Kontakt mit dem Feigenblatt erhalten die Früchte ein unbeschreiblich köstliches Aroma.

Warum nicht in Korsika bleiben, genauer gesagt in Patrimonio, und zu diesem delikaten Dessert einen Muscat von Antoine Arena reichen, der vollmundig und trotzdem angenehm frisch ist und nach exotischen Früchten duftet.

Der Provenzalische Weinkeller

Vorwahl Frankreich 0033
Die in den Rezepten genannten Weine stammen von den folgenden empfehlenwerten Weingütern:

VALLÉE DU RHÔNE

Côtes-du-Rhône

Domaine de Gramenon
26770 Montbrison
Tel.: 04 75 53 57 08

Corinne Couturier
La Font d'Estevenas
84290 Cairanne
Tel.: 04 90 30 70 05

Domaine Marcel-Richaud
Route de Rasteau
84290 Cairanne
Tel.: 04 90 30 85 25

Domaine de l'Oratoire Saint-Martin
Route de Saint-Roman
84290 Cairanne
Tel.: 04 90 30 82 07

Domaine de la Soumade
Route d'Orange
84110 Rasteau
Tel.: 04 90 46 11 26

Crozes-Hermitage

Domaine Pochon
Curson – 26600 Tain-l'Hermitage
Tel.: 04 75 07 34 60

Domaine Alain-Graillot
Les Chênes Verts
26600 Pont-de-l'Isère
Tel.: 04 75 84 67 52

Tavel

Domaine de la Mordorée
30126 Tavel
Tel.: 04 66 50 00 75

Château d'Aqueria
30126 Tavel
Tel.: 04 66 50 04 56

Châteauneuf-du-Pape

Château de Beaucastel
84350 Courthézon
Tel.: 04 90 70 41 00

Château de la Nerthe
84230 Châteauneuf-du-Pape
Tel.: 04 90 83 70 11

Gigondas

Domaine du Cayron
84190 Gigondas
Tel.: 04 90 65 87 46

Domaine Brusset
84290 Cairanne
Tel.: 04 90 70 91 60

Domaine Les Goubert
84190 Gigondas
Tel.: 04 90 65 86 38

Vacqueyras

Domaine des Amouriers
84260 Sarrians
Tel.: 04 90 65 83 22

Domaine Le Sang des Cailloux
84260 Sarrians
Tel.: 04 90 65 88 64

Hermitage

Chapoutier
26600 Tain-l'Hermitage
Tel.: 04 75 08 28 65

Domaine J.-L. Chave
07300 Mauves
Tel.: 04 75 08 24 63

Saint-Joseph et Saint-Péray

Domaine Bernard-Gripa
07300 Mauves
Tel.: 04 75 08 14 96

Cornas

Domaine Auguste-Clape
07130 Cornas
Tel.: 04 75 40 33 64

Marcel Juge
07130 Cornas
Tel.: 04 75 40 36 68

Saint-Péray

Alain Voge
07130 Cornas
Tel.: 04 75 40 32 04

- Ein empfehlenswerter Händler und Produzent:

Michel Tardieu et Dominique Laurent
84360 Lauris
Tel.: 04 90 08 32 07
In der Kellerei von Château de Lourmarin reifen Weine von ausschließlich alten, ertragsarmen Reben heran. Sie finden dort exzellente Côtes-du-Rhône, Cornas, Crozes-Hermitage, Châteauneuf-du-Pape und Côte-Rôtie.

PROVENCE

Côtes-du-Luberon et du-Ventoux

Domaine de la Citadelle
84560 Ménerbes
Tel.: 04 90 72 41 58

Château Constantin-Chevalier
84160 Lourmarin
Tel.: 04 90 68 38 99

Domaine de la Verrerie
84360 Puget-sur-Durance
Tel.: 04 90 08 26 64

Costières-de-Nîmes

Château Mourgues du Grès
30300 Beaucaire
Tel. : 04 66 59 46 10

Côtes-de-Provence

Domaine Richeaume
13114 Puyloubier
Tel. : 04 42 66 31 27

Domaine de la Bernarde
83340 Le Luc
Tel. : 04 94 60 71 31

Château Réal Martin
83143 Le Val
Tel. : 04 94 86 40 90

Domaine de la Courtade
Porquerolles – 83400 Hyères
Tel. : 04 94 58 31 44

Château de Barbeyrolles
83580 Gassin
Tel. : 04 94 56 33 58

Bandol

Château Pradeaux
83270 Saint-Cyr-sur-Mer
Tel. : 04 94 32 10 21

Château de Pibarnon
83740 La Cadière
Tel. : 04 94 90 12 73

Château Romassan
Clos Mireille
83250 La Londe-les-Maures
Tel. : 04 93 34 38 91

Domaine Tempier
83330 Plan-du-Castellet
Tel. : 04 94 98 70 21

Cassis

Clos Sainte-Magdeleine
13260 Cassis
Tel. : 04 42 01 70 28

Coteaux d'Aix et Baux-de-Provence

Mas-Sainte-Berthe
13520 Les Baux-de-Provence
Tel. : 04 90 54 39 01

Domaine de Trévallon
Avenue N.-D.-du-Château
13150 Saint-Etienne-du-Grès
Tel. : 04 90 49 06 00

Château Revelette
13490 Jouques
Tel. : 04 42 63 75 43

Château Calissanne
13680 Lançon
Tel. : 04 90 42 63 03

CORBIÈRES ET LANGUEDOC-ROUSSILLON

Château de Lastours
11490 Portel-des-Corbières
Tel. : 04 68 48 29 17

Château des Estanilles
34480 Cabrerolles
Tel. : 04 67 90 29 25

Château de Saint-Martin la Garrigue
34530 Montagnac
Tel. : 04 67 24 00 40

Mas de Daumas Gassac
34150 Aniane
Tel. : 04 67 57 71 28

VINS DOUX NATURELS

Muscat

Cave des Vignerons de Beaumes-de-Venise
84190 Beaumes-de-Venise
Tel. : 04 90 12 41 00

Domaine de Durban
84190 Beaumes-de-Venise
Tel. : 04 90 62 94 26

Maury

Mas Amiel
66460 Maury
Tel. : 04 68 29 01 02

Rasteau

Domaine de la Soumade
84110 Rasteau
Tel. : 04 90 46 11 26

Vin Corse

Clos Nicrosi
20247 Rogliano
Tel. : 04 95 35 41 17

Antoine Arena
20253 Patrimonio
Tel. : 04 95 37 08 27

Banyuls

Cellier des Templiers
66652 Banyuls
Tel. : 04 68 98 36 70

Coopérative de l'Etoile
66650 Banyuls
Tel. : 04 68 88 00 10

Domaine du Mas Blanc
66650 Banyuls
Tel. : 04 68 88 32 12

JURA

Vin Jaune et Côtes-du-Jura

Château d'Arlay
39140 Arlay
Tel. : 03 84 85 04 22

Domaine André-Tissot
39600 Montigny-lès-Arsures
Tel. : 03 84 66 08 27

Arbois

Frédéric Lornet
39600 Montigny-lès-Arsures
Tel. : 03 84 37 44 95

michel mailly
Ollivier·Tesson Prestre
en.1749.
perrine·greauteau.
1786.

Danksagung

Viele der in diesem Buch veröffentlichten Aufnahmen stammen aus den wunderschönen Häusern und bezaubernden Gärten von Jacques und Martine Machurot, Giorgio und Irène Silvagni, Michel und Nicky Chavaux sowie von Jacques und Nicole Martin-Raget. Ihnen allen möchte ich herzlich dafür danken, dass sie uns ihre Türen mit großer Freundlichkeit geöffnet haben.

Ein weiteres Dankeschön geht an Clara Limages, Bertrand Colombier und Bruno Dion, John Malkovich, Pierre Hermé, Elisabeth Bourgeois, Edith Mézard, Giorgio und Irène Silvagni, an Lilou, Sandra und Gaby, an Alain Rubio, Catherine Coste, Mireille Anselme, Mimi Parnel und Mimi Desana, Madame Zaza of Marseille, Paul und Jeanne Biehn sowie Pierre-Grégoire Guinot, die es mir gestatteten, ihre köstlichen und bisher nur im Freundeskreis bekannten Rezepte zu veröffentlichen.

Dankeschön an Nathalie Légier für das Stoffmuster »Bonnes Herbes«.

Ebenso danke ich Jacques Machurot dafür, dass er dieses Kochbuch mit seinen fachmännischen Weinempfehlungen bereicherte sowie eine Liste von Produzenten beisteuerte, die für die Anlage eines provenzalischen Weinkellers überaus nützlich ist.

Außerdem danke ich Gilles Martin-Raget für sein Talent und seine Geduld.

Gisou Bavoillot vom Verlag Flammarion danke ich, weil sie mit mir dieses Abenteuer, dieses Buch zu schreiben, durchgestanden hat, und bei Valérie Gautier und Axel Buret möchte ich mich für die schöne Buchgestaltung ganz herzlich bedanken.

Weitere Titel zum Thema:

Brennan, Georgeanne: Mein kulinarisches Tagebuch aus der Haute Provence, Christian Verlag, München 1999

Font-Verger, Irène de: Die Küche der Provence, Hädecke, Weil der Stadt 1990

Kaltenbach, Marianne: Kulinarische Streifzüge durch die Provence, Sigloch Edition, Künzelsau 1990

Meuth, Martina und Neuner-Duttenhofer, Bernd: Provence, Küche, Land und Leute, Droemer Knaur, München 1999

Früher stellte man frische Petersiliensträußchen in ein Wasserglas, wo sie sich einige Tage lang hielten.